SHIRA

SERENIDADE PARA QUEM TEM ANSIEDADE

5 PASSOS PARA TER MAIOR **CONTROLE SOBRE SUA VIDA** E LIBERTAR SEU CORPO DO SOFRIMENTO

DIRETORA
Rosely Boschini

GERENTE EDITORIAL SÊNIOR
Rosângela de Araujo Pinheiro Barbosa

EDITORA JÚNIOR
Rafaella Carrilho

ASSISTENTE EDITORIAL
Fernanda Costa

PRODUÇÃO GRÁFICA
Fábio Esteves

CAPA
Rafael Brum

PROJETO GRÁFICO E DIAGRAMAÇÃO
Renata Zucchini

ILUSTRAÇÕES
Sagui Estúdio

PREPARAÇÃO
Giulia Molina Frost

REVISÃO
Wélida Muniz

IMPRESSÃO
Edições Loyola

Copyright © 2023 by Shira
Todos os direitos desta edição
são reservados à Editora Gente.
Rua Natingui, 379 - Vila Madalena
São Paulo, SP - CEP 05443-000
Telefone: (11) 3670-2500
Site: www.editoragente.com.br
E-mail: gente@editoragente.com.br

CARO(A) LEITOR(A),
Queremos saber sua opinião sobre nossos livros.
Após a leitura, siga-nos no **linkedin.com/company/editora-gente**,
no **TikTok @editoragente** e no **Instagram @editoragente**
e visite-nos no **site www.editoragente.com.br**.
Cadastre-se e contribua com sugestões, críticas ou elogios.

Dados Internacionais de Catalogação na Publicação (CIP)
Angélica Ilacqua CRB-8/7057

Shira
　　Serenidade para quem tem ansiedade : 5 passos para ter maior controle sobre sua vida e libertar seu corpo do sofrimento / Shira. - São Paulo : Editora Gente, 2023.
　　160 p.

ISBN 978-65-5544-358-5

1. Ansiedade 2. Saúde mental I. Título

23-3802　　　　　　　　　　　　　　　　　　　　　　　　　　　　　　CDD 152.46

Índices para catálogo sistemático:
1.Ansiedade

Este livro foi impresso em papel pólen bold 70g/m²
pela Edições Loyola em julho de 2023.

NOTA DA PUBLISHER

No mundo atual, o estresse e a ansiedade têm se tornado uma realidade cada vez mais comum. O excesso de informações, a pressão por resultados imediatos e as preocupações com o futuro têm afetado negativamente a saúde física e mental das pessoas e, não à toa, transtornos como ansiedade e depressão têm aumentado significativamente no Brasil.

No dia a dia, a pressão do cotidiano, a sensação de sobrecarga, a dificuldade para dormir e a busca por soluções naturais são desafios comuns enfrentados por aqueles que vivem com ansiedade. Muitas vezes, não reconhecemos que estamos ansiosos, mesmo que nossos corpos demonstrem sinais evidentes. Mas, como solucionar isso?

Foi em busca dessa resposta que, há alguns anos, conheci o dr. Shira, um fisioterapeuta com mais de vinte anos de experiência. Desde então, me beneficio de sua metodologia e, por meio do seu tratamento, meu sono melhorou, dores que se instalaram há tempos foram embora e meus dias se tornaram muito mais leves. Em *Serenidade para quem tem ansiedade*, o dr. Shira traz essa metodologia única, que combina a sabedoria do shiatsu, uma terapia manual, com o conhecimento da fisiologia moderna, proporcionando equilíbrio entre a mente e o corpo. O fundador do Instituto Shira vai mostrar a você, leitor, as melhores práticas de relaxamento e de respiração consciente para viver melhor e de modo mais leve.

Embarque nesta leitura e desfrute de todos os benefícios que uma vida serena pode proporcionar a você. Boa leitura!

Rosely Boschini – CEO e Publisher da Editora Gente

AGRADECIMENTOS

Queridos leitores,

Hoje, com imensa gratidão e emoção, compartilho com vocês este livro que representa a jornada de uma vida repleta de aprendizados e superações. É com grande felicidade que dedico estas palavras às pessoas que desempenharam papéis fundamentais em minha caminhada, guiando-me, incentivando-me e tornando possível a realização deste sonho.

Agradeço de todo o coração aos meus amados pais, Yoshio Shiraishi e Sonia Regina Ichida Shiraishi. Vocês são a base sólida sobre a qual construí minha existência. Seus ensinamentos, valores e amor incondicional moldaram o ser humano que sou hoje. Sou eternamente grato por cada sacrifício feito em prol do meu crescimento e felicidade.

Ao meu professor de shiatsu, Claudio Wauke, devo uma dívida de gratidão eterna. Foi você quem me apresentou ao shiatsu, essa arte de cura e bem-estar. Seu conhecimento profundo e sua dedicação em compartilhá-lo comigo me proporcionaram a oportunidade de ajudar e aliviar o sofrimento de tantas pessoas. Agradeço por ter sido meu guia nessa jornada terapêutica.

Luiza Sato, sua presença em minha vida foi um presente divino. Sua generosidade ao me oferecer a oportunidade de aprender e trabalhar ao seu lado foi um marco transformador fortalecendo minha jornada de aprendizado. Sou grato por cada ensinamento e por sua orientação.

Ao meu mestre no jiu-jitsu, Marco Karam, sou profundamente grato. Sob sua orientação, encontrei mais do que técnicas de luta. Descobri o equilíbrio físico, a disciplina mental e a resiliência necessária para enfrentar os desafios da vida. Sua dedicação, paciência e ensinamentos foram fundamentais para meu crescimento como pessoa. Agradeço por cada momento compartilhado nos tatames.

Roberto Shinyashiki, meu mentor, sua presença em minha vida foi um verdadeiro presente. Seus ensinamentos e orientações foram faróis que iluminaram meu caminho, direcionando-me para a realização dos meus sonhos. Sua sabedoria e motivação incansável são fontes inesgotáveis de inspiração. Sou grato por sua generosidade e por tudo o que aprendi com você.

Eduardo Shinyashiki, você me ensinou a entender as complexidades do ser humano. Seu conhecimento sobre comportamento humano e relações interpessoais me ajudou a desenvolver uma visão mais ampla e compassiva do mundo. Sou grato por suas orientações e por abrir meus olhos para a importância de compreender as pessoas em profundidade.

Rosely Boschini, sua voz de incentivo e apoio foram essenciais para que eu tivesse coragem de dar vida a este livro. Sua confiança em mim e seu incentivo constante foram um verdadeiro presente. Agradeço por acreditar em mim e me encorajar a compartilhar minha história com o mundo.

À minha equipe no Instituto Shira, minha gratidão por todo o apoio, dedicação e trabalho árduo. Vocês são parte essencial da minha jornada, tornando possível a realização de meus sonhos e a concretização de minhas metas. Sou grato por cada esforço conjunto e pelo ambiente de união e colaboração que criamos juntos.

Daniele Tamie Itokazu Shiraishi, minha amada esposa, sua presença em minha vida é a força motriz por trás de tudo o que conquistei. Seu amor incondicional, apoio e compreensão são pilares essenciais que sustentam minha jornada. Sem você, eu não seria quem sou hoje. Agradeço por compartilhar comigo essa caminhada e por ser meu porto seguro.

E ao meu filho amado, Fabio Itiro Shiraishi, seu carinho e amor são meu combustível diário. Sua presença traz alegria e força em todos os momentos. Sou abençoado por ter você como parte da minha vida.

A todos vocês, minha família, professores e pacientes minha eterna gratidão. Este livro é um tributo ao amor, apoio e encorajamento que encontrei em cada um de vocês. Espero que estas palavras toquem profundamente seus corações, assim como suas presenças impactaram o meu.

Com profunda gratidão e carinho,

Shira

SUMÁRIO

11 *Prefácio*

14 *Introdução*

22 *Capítulo 1*
CORPO E MENTE, UMA RELAÇÃO PARA O BEM OU PARA O MAL?

28 *Capítulo 2*
SOMOS PROGRAMADOS PARA SERMOS ANSIOSOS
Como funciona a ansiedade
A ansiedade, desde o início
Os tipos ansiosos

48 *Capítulo 3*
DOR CRÔNICA E ANSIEDADE
Por que dói tanto?
Novas visões da dor
Já tomou algum remédio hoje?

62 *Capítulo 4*
VOCÊ ESTÁ VIVENDO EM ESTADO DE ALERTA?
O shiatsu e a ansiedade
O Shiatsu Método Shira

74 Capítulo 5
OS QUATRO PERFIS DO ESTADO DE ALERTA
O perfeccionista
O controlador
O desvalorizado
O profeta

100 Capítulo 6
POR QUE A SERENIDADE DO SAMURAI?
Quem são os samurais?
A Serenidade do Samurai

110 Capítulo 7
ESCOLHA A SUA LUTA!

120 Capítulo 8
RESPEITE A SUA VERDADE!

126 Capítulo 9
SEJA O SEU NÚCLEO

132 Capítulo 10
CONTROLE O SEU CORPO
Como ajudar uma pessoa em crise de ansiedade

144 Capítulo 11
ESCUTE O SILÊNCIO

150 Capítulo 12
QUANDO PRECISAMOS DE AJUDA

156 Conclusão

PREFÁCIO

A vida pode ser muito angustiante, mesmo se fizermos tudo certo.

Conta uma lenda dos Índios Sioux que, certa vez, Touro Bravo e Nuvem Azul chegaram de mãos dadas à tenda do velho feiticeiro da tribo e pediram: "Nós nos amamos e vamos nos casar, mas nos amamos tanto que queremos um conselho que nos garanta ficar sempre juntos, que nos assegure estar um ao lado do outro até a morte. Há algo que possamos fazer?".

O velho, emocionado ao vê-los tão jovens, tão apaixonados e tão ansiosos por uma palavra, disse: "Há uma coisa que podemos fazer, mas é uma tarefa difícil e sacrificada. Tu, Nuvem Azul, deves escalar o monte ao norte da aldeia apenas com uma rede, caçar o falcão mais vigoroso e trazê-lo aqui, com vida, até o terceiro dia da lua cheia. E, tu, Touro Bravo, deves escalar a montanha do trono; lá em cima encontrarás a mais brava de todas as águias. Somente com uma rede deverás apanhá-la, trazendo para mim, viva!". Os jovens abraçaram-se com ternura e logo partiram para cumprir a missão. No dia estabelecido, na frente da tenda do feiticeiro , os dois esperavam com as aves. O velho tirou-as dos sacos e constatou que eram verdadeiramente formosos exemplares dos animais que ele tinha pedido.

"E agora, o que faremos?", os jovens perguntaram.

"Peguem as aves e amarrem uma à outra pelos pés com essas fitas de couro. Quando estiverem amarradas, soltem-nas para que voem livres."

Eles fizeram o que lhes foi ordenado e soltaram os pássaros. A águia e o falcão tentaram voar, mas conseguiram apenas saltar pelo terreno. Minutos depois, irritados pela impossibilidade do voo, as aves arremessaram-se uma contra a outra, bicando-se até se machucar. Então, o velho disse: "Jamais se esqueçam do que estão vendo, este é o meu conselho. Vocês são como a águia e o falcão: se estiverem amarrados um ao outro, ainda que por amor, não só viverão arrastando-se, como também, cedo ou tarde, começarão a machucar um ao outro. Se quiserem que o amor entre vocês perdure, voem juntos, mas jamais amarrados".

O amor, a competência, a vontade de ser alguém e o compromisso podem não ser suficientes para criamos uma paz de espírito. Isso porque vivemos em uma sociedade acelerada, repleta de desafios e pressões e na qual a ansiedade se tornou uma companheira constante para a maioria de nós. O que muitos não sabem, no entanto, é que a ansiedade por si só não é algo ruim, pelo contrário, é necessária para o nosso corpo. O problema começa quando ela, que deveria ser pontual e passageira, resolve se instalar sem prazo para ir embora... Aceitar esse estado de angústia e inquietude parece ser, para muitos, a única escolha – e é justamente por isso que eu não poderia perder a oportunidade de prefaciar esta obra.

Ao longo de sua jornada como fisioterapeuta, Shira teve a oportunidade de ajudar inúmeros pacientes a resgatarem sua paz interior e equilíbrio, abandonando o ciclo vicioso da ansiedade – e eu me incluo nessa estatística. Há anos, meu grande amigo Shira atende não só a mim, mas a minha família. Com ele, aprendi que é possível encontrar a serenidade, mesmo em meio ao caos, e é justamente isso que ele vai ensinar a você neste livro.

O método que ele traz em *Serenidade para quem tem ansiedade* é fruto de toda a sua experiência profissional e do desejo profundo de oferecer uma alternativa natural e eficaz para tratar esse mal contemporâneo. Nas páginas a seguir, você, leitor, descobrirá os perfis básicos das pessoas ansiosas e aprenderá a identificar em qual deles se encaixa, obtendo *insights* valiosos sobre como controlá-los. Além disso, terá acesso a práticas de relaxamento e técnicas de respiração que o auxiliarão a reconhecer e lidar com as situações que prolongam a ansiedade.

Acredite, é possível transformar sua vida e ser uma pessoa mais equilibrada, mesmo diante dos desafios cotidianos. E tudo isso pode ser alcançado por meio de procedimentos simples, como Shira revelará nestas páginas.

Por meio da metodologia poderosa contida neste livro, você será capaz de transformar a sua relação com a ansiedade e, finalmente, abrir caminho para uma vida plena e satisfatória. Então, leitor, troque a ansiedade pela serenidade e escolha ser o protagonista da sua própria vida.

O que você está esperando? Comece a ler agora este livro e livre-se das coisas ruins que faz você sofrer inutilmente. Que as páginas a seguir sejam um guia compassivo em sua jornada rumo à serenidade, conduzindo-o ao equilíbrio entre mente e corpo que tanto almeja.

Roberto Shinyashiki – Médico, empresário e autor best-seller

Introdução

Como profissional de fisioterapia, ao longo de mais de vinte anos venho utilizando práticas como shiatsu, pilates, RPG, osteopatia e outras terapias manuais para curar as mais diversas dores do corpo, dificuldades para dormir e outros sintomas. Tenho obtido considerável sucesso com meus pacientes, entretanto, alguns deles, após um período, retornavam à minha clínica, pois as dores voltavam a incomodá-los.

Passei, então, a observar com mais atenção aqueles pacientes. Eu precisava descobrir a razão para eles, apesar de já estarem com a estrutura do corpo ajustada, voltarem a sentir as mesmas dores, muitas delas sem causa aparente. Foi quando notei um elemento em comum nelas: todas sofriam de ansiedade!

Medo do futuro, insatisfação e sentimento de incapacidade eram bem perceptíveis naqueles pacientes cujas dores no corpo retornavam. Eram pessoas talentosas, com sucesso profissional, mas infelizes, receavam não conseguir realizar seus sonhos e, com isso, se tornavam cada vez mais ansiosas, mais doentes e com mais dores.

Essa percepção me estimulou a pesquisar sobre as reações fisiológicas que a ansiedade causa no corpo, pois desejava fazer mais por meus pacientes: queria vê-los realmente curados. Procurei diversas fontes de conhecimento, estudei neurociência cognitiva, processos psicológicos e desenvolvimento humano e, à medida que eu avançava em meus estudos, tudo começou a fazer sentido.

Embora seja um sentimento natural e necessário para nossa sobrevivência, já que nos ajuda na resolução de problemas, a ansiedade pode se tornar perigosa para a saúde. Quando prolongada por mais tempo que o necessário, ela machuca e adoece o corpo, desequilibrando suas funções e causando uma série de sintomas prejudiciais.

Em busca de soluções imediatas, algumas pessoas acabam dependentes de medicamentos, o que constitui um problema sério nos tempos atuais. Só no Brasil, a venda de antidepressivos e ansiolíticos cresceu cerca de 58% entre os anos de 2017 e 2021, de acordo com os dados do Conselho Federal de Farmácia.[1] Levando em consideração as minhas observações e os dados alarmantes sobre a saúde mental no país, comecei a considerar a questão da ansiedade em meus tratamentos.

Pouco tempo depois, conversando com meus pacientes, passei a me identificar com as suas queixas. Como eles, eu não estava bem. Tinha dificuldade para dormir, trabalhava demais, boicotava meu lazer e me irritava com facilidade. Vivia apreensivo com o futuro e queria sempre ajudar os outros, mesmo que às vezes me prejudicasse com isso. Percebi, ainda, que as pessoas não achavam que estavam ansiosas, mesmo que seus corpos estivessem mostrando o contrário. Exatamente como acontecia comigo.

FOI NESSE MOMENTO QUE PERCEBI QUE NÃO ERAM APENAS OS MEUS PACIENTES QUE PRECISAVAM TRATAR A ANSIEDADE PARA QUE SUAS DORES FINALMENTE FOSSEM ALIVIADAS, EU TAMBÉM PRECISAVA FAZER ISSO! AFINAL, COMO PODERIA CUIDAR BEM DAQUELAS PESSOAS SE EU MESMO NÃO FAZIA NADA POR MIM? NÃO FAZIA SENTIDO!

---

[1] DALL'ARA, J. Busca por medicamentos para a saúde mental cresce a cada ano no Brasil. **Jornal da USP**, 13 jan. 2023. Disponível em: https://jornal.usp.br/atualidades/busca-por-medicamentos-para-a-saude-mental-cresce-a-cada-ano-no-brasil/. Acesso em: 19 jun. 2023.

Com os conhecimentos que tinha, comecei a me cuidar seriamente, e as mudanças foram acontecendo. E quanto mais eu conseguia controlar a minha ansiedade, mais os meus projetos, que estavam estagnados, começaram a se tornar realidade. Meu propósito se ampliou, pois percebi que para realmente fazer diferença na vida de meus pacientes, eu não podia mais só cuidar de um pedaço do corpo de uma pessoa. Era preciso tratar cada ser humano de modo integral.

Vou explicar melhor por que essa visão do todo é fundamental. Vivemos hoje sob estresse, e com isso acabamos entrando em estado de alerta constante. Estar o tempo todo em uma mentalidade de fuga ou luta faz com que o nosso corpo sempre esteja tensionado, já que nós reagimos às emoções através dos músculos, e essa reação gera tensão, que, por sua vez, mantém a nossa mente sempre pronta para agir, tornando-nos mais e mais ansiosos.

E não adianta fugir: se a mente estiver tensa, o corpo vai estar tenso também. Ou seja, um círculo vicioso é estabelecido, e essa situação só será resolvida se olharmos para todos os fatores do problema: nosso corpo e nossa mente.

Mas por que esse quadro está cada vez mais comum no nosso dia a dia? O mundo nunca foi tão complexo. Recebemos informações em excesso, cedemos todo o tempo aos chamados do celular, tudo tem que ser "pra já". Por isso, não surpreende que haja cada vez mais pessoas com enxaquecas, dores crônicas, fadiga e síndrome de burnout – um distúrbio emocional com sintomas de exaustão extrema, estresse e esgotamento físico decorrentes de trabalhos desgastantes.

INTRODUÇÃO 19

Segundo dados da Organização Mundial de Saúde (OMS), os transtornos mentais vêm aumentando ano após ano. Em 2019, o Brasil foi apontado como líder do ranking de países mais ansiosos, com 18,6 milhões de pessoas sofrendo de ansiedade, número que representa cerca de 9,3% da população.[2] Ainda segundo a organização, a depressão e a ansiedade no mundo aumentaram mais de 25% apenas no primeiro ano da pandemia da covid-19.[3]

A ansiedade custa à economia global um trilhão de dólares por ano, segundo a OMS, e estima-se que os transtornos mentais sejam responsáveis por 30% da carga de doenças não fatais em todo o mundo, e 10% da carga geral de doenças, incluindo morte e invalidez.[4]

Olhando os dados, fica claro que tratar a ansiedade e seus sintomas tornou-se uma urgência em nossos tempos, e acredito que é possível fazer isso por meios naturais, sem uso de substâncias estranhas ao nosso organismo. Para isso, criei o Shiatsu Método Shira, para resgatar o equilíbrio entre a mente e o corpo, unindo a sabedoria do shiatsu com o conhecimento da fisiologia moderna.

---

[2] BRASIL é o país mais ansioso do mundo, segundo a OMS. **Exame**, 5 jun. 2019. Disponível em: https://exame.com/ciencia/brasil-e-o-pais-mais-ansioso-do-mundo-segundo-a-oms/. Acesso em: 12 jun. 2023.

[3] ROCHA, L. Casos de ansiedade e depressão cresceram 25% durante pandemia, diz OMS. **CNN Brasil**, 02 mar. 2022. Disponível em: https://www.cnnbrasil.com.br/saude/casos-de-ansiedade-e-depressao-cresceram-25-durante-pandemia-diz-oms/. Acesso em: 12 jun. 2023.

[4] DEPRESSÃO e ansiedade custam US$ 1 tri por ano à economia global, diz OMS. **Nações Unidas Brasil**, 13 abr. 2016. Disponível em: https://brasil.un.org/pt-br/72745-depress%C3%A3o-e-ansiedade-custam-us1-tri-por-ano-%C3%A0-economia-global-diz-oms. Acesso em: 12 jun. 2023.

Após o sucesso que obtive ajudando as pessoas a controlar sua ansiedade por meios naturais, decidi propagar esse conhecimento. Foi com isso em mente que criei o método A Serenidade do Samurai, que apresento neste livro. São técnicas simples que ensinam as pessoas a cuidar do corpo e das emoções para que possam viver melhor e no momento presente, sem apegos exagerados ao passado e ao futuro. É uma forma eficaz de conquistar mais felicidade, sem dores e outros sintomas que impedem uma vida plena.

Nas próximas páginas, você começará o caminho para uma vida mais leve, conhecendo os quatro perfis básicos que formulei de pessoas que vivem com ansiedade, e certamente se identificará com um ou mais deles: o perfeccionista, o controlador, o desvalorizado e o profeta. Em algum momento da nossa vida, assumimos um ou mais desses perfis, mas precisamos aprender a controlá-los.

Em seguida, apresento os cinco passos fundamentais que precisam ser dados para viver melhor e sem ansiedades desnecessárias, incluindo práticas de relaxamento e respiração com consciência. Com essas práticas, você vai aprender a reconhecer e a lidar com as diversas situações que podem prolongar a ansiedade no corpo.

Além desses passos holísticos, trarei recomendações de alguns procedimentos importantes para quem quer começar a transformar a sua vida, como avaliações de saúde feitas por médicos, psicólogos e nutricionistas. É sempre importante conhecer bem o nosso estado de saúde para que alguns sintomas não sejam confundidos.

Conhecendo o seu corpo e praticando o método A Serenidade do Samurai, você vai aprender a controlar a sua ansiedade e viver em estado de tranquilidade mental e física. O método tem se mostrado uma ferramenta poderosa para o controle da ansiedade de modo natural e não medicamentoso, e tem ajudado centenas de pessoas a viver melhor.

Aconteceu assim com meus pacientes, comigo, e agora chegou a sua vez. Livre-se da ansiedade, viva sem dores e conquiste as suas metas de vida!

Capítulo 1

CORPO E MENTE,
UMA RELAÇÃO PARA O BEM OU PARA O MAL?

Diariamente, muitas pessoas vêm ao meu consultório com alguma queixa sobre o seu corpo: dor de cabeça, dor no pescoço, no ombro ou na lombar, dificuldade para dormir, cansaço crônico e outras questões que aparentam não ter explicação ou solução. São pacientes que chegam cansados e meio desesperançosos, pois já passaram por vários médicos, possuem uma lista enorme de remédios para serem tomados ao longo do dia, mas, ainda assim, continuam sentindo dores.

Quando digo aos meus pacientes que suas dores são causadas

por um estado de ansiedade muito alto, que chamo de "estado de alerta", eles ficam surpresos. Porque, até então, nenhum médico havia lhes falado sobre a relação corpo e mente, mesmo prescrevendo ansiolíticos para aliviar suas dores. Gosto de explicar para esses pacientes como a mente domina nosso corpo – tanto para o bem quanto para o mal.

Estamos acostumados a separar as reações do corpo e da mente, e esquecemos que o corpo só se move se a mente mandar. O nosso físico nada mais é que o resultado do nosso comando mental. Mas não é raro eu escutar exclamações e desconfianças como: "E como você sabe? Não lhe disse nada sobre minha vida ou sobre o que estou passando!".

Eu sempre respondo a pacientes que me questionam dessa forma que o corpo deles me diz tudo. O nosso físico é movido a emoções e pensamentos, e existe uma ligação direta destes com os tecidos moles do corpo, que são os nossos vasos sanguíneos, vasos linfáticos, músculos, tecido gorduroso, tendões, nervos e os revestimentos das articulações.

Repare: todas as nossas emoções, como raiva, medo, excitação ou depressão, produzem em nosso corpo uma certa postura, não é mesmo? Há uma forte ligação entre postura habitual, atitudes e condições psicológicas.

Nós somos regidos pela emoção, que é uma reação do corpo aos estímulos externos que adequam o nosso comportamento às demandas do ambiente. A emoção tem duas funções biológicas principais: a primeira é produzir uma reação específica para uma situação indutora, a segunda é regular o estado interno do organismo. Assim, os sentimentos proporcionam ao nosso corpo comportamentos rápidos e eficazes para sua sobrevivência.

De acordo com Daniel Goleman, em seu livro *Inteligência emocional*, "todas as emoções são, em essência, impulsos, legados pela evolução, para uma ação imediata para planejamentos instantâneos que visam lidar com a vida. A própria raiz da palavra emoção é do latim *movere* – 'mover' acrescido do prefixo 'e', que denota 'afastar-se', o que indica que em qualquer emoção está implícita uma propensão para um agir imediato".[5]

Apesar da evidente relação entre a mente e corpo, muitos tratamentos dividem esses dois elementos. Os médicos geralmente cuidam do corpo e, quando veem um problema no comportamento do paciente, o encaminham para um psicólogo, como se corpo e mente fossem partes diferentes que não conversam. Como se o comportamento humano não influenciasse a doença.

Segundo o físico teórico e ensaísta Fritjof Capra,[6] essa ideia de separação entre o corpo e a mente teve origem no século XVII, a partir da revolução cartesiana, e foi a maior mudança ocorrida na medicina ocidental. Antes dela, a interação entre o corpo e a alma era uma preocupação comum entre aqueles que tratavam das doenças, e os pacientes eram observados dentro de seu contexto social e espiritual. Ou seja, cada pessoa era considerada como um todo.

---

[5] GOLEMAN, D. **Inteligência emocional**: a teoria revolucionária que redefine o que é ser inteligente. Rio de Janeiro: Objetiva, 2012. p. 32.

[6] CAPRA, F. **Ponto de mutação**. São Paulo: Cultrix, 2006.

A filosofia de Descartes, no entanto, preconizava o imperativo da razão. Assim, era necessário limpar a mente de todo preconceito, e principalmente do que já se tinha estabelecido como verdade absoluta. Era preciso buscar verdades elementares que não precisassem de outras verdades precedentes, para, dessa forma, garantir ideias claras e distintas sobre a organização da vida.

Na medicina, o pensamento de Descartes provocou uma divisão entre o corpo e a mente, o que consequentemente fez com que os médicos negligenciassem os fatores psicológicos das doenças em favor do corpo concreto, da máquina corporal do homem. Assim, evitar as questões filosóficas e existenciais que envolvem qualquer enfermidade séria tornou-se um aspecto característico da prática médica.

Desde então, o imenso avanço que se deu na ciência biomédica em nada contribuiu para aproximar novamente a mente e o corpo humanos. Foram revelados os mistérios das células, dos átomos, e, assim, problemas de saúde foram reduzidos a fenômenos moleculares, o que limitou os pesquisadores ao conhecimento de aspectos parciais da saúde e da doença.

Muitos médicos atualmente ainda entendem que os mecanismos biológicos são a base da vida, sendo os eventos mentais menos importantes. A divisão cartesiana fez com que aos médicos fosse dado o poder de cuidar do corpo, enquanto psiquiatras e psicólogos ficariam a cargo dos cuidados da mente. Entretanto, o estado psicológico de uma pessoa é fundamental na geração da doença e na sua cura, como afirma Capra[7], que

---

[7] Ibidem.

lembra ainda que só muito recentemente o estresse foi reconhecido como fonte de diversas enfermidades.

Hoje, felizmente, a medicina ocidental começa a se aproximar da medicina oriental, em que a mente e o corpo, o espírito e a matéria, são detentores de uma intercomunicação contínua. As terapias orientais estão se tornando cada vez mais comuns, apresentando ao Ocidente novas técnicas para cuidar da saúde. Atualmente, até mesmo o Sistema Único de Saúde (SUS) oferece técnicas da medicina tradicional chinesa, que, em 2006, foi reconhecida pela OMS como uma prática segura e eficaz.[8]

A acupuntura, por exemplo, desde a década de 1970 tem crescido rapidamente e se tornado cada vez mais popular nos países ocidentais. A técnica distingue-se por sua simplicidade, praticidade e baixo custo clínico, e já foi recomendada como tratamento para 43 doenças pelos especialistas da OMS, em 1979.[9]

É muito bom que diferentes culturas possam compartilhar seus conhecimentos em benefício da saúde de todo o mundo e que cada vez mais as pessoas possam reconhecer a importância da relação entre o corpo e a mente.

Termino este primeiro capítulo perguntando a você: quando o assunto é a inevitável relação mente e corpo, você está estabelecendo esse relacionamento para o bem ou para o mal?

---

[8] UNIÃO entre medicinas oriental e ocidental pode ser positiva. **Estadão**. 13 mar. 2020. Disponível em: https://summitsaude.estadao.com.br/novos-medicos/uniao-entre-medicinas-oriental-e-ocidental-pode-ser-positiva/. Acesso em: 13 maio 2022.

[9] PAI, M. Y. B. (orgs) *et al*. **Acupuntura**: breve histórico, mecanismo de ação e aplicações. [s. l.]: Colégio Médico Brasileiro de Acupuntura, 2021. Disponível em: https://cmba.org.br/wp-content/uploads/2021/11/Acupuntura_breve_historia.pdf. Acesso em: 12 jun. 2023.

Capítulo 2

SOMOS PROGRAMADOS PARA
SERMOS ANSIOSOS

Atualmente, "estar ansioso" se tornou normal, e está relacionado a quase tudo que acontece em nossa vida. Dizemos que estamos ansiosos quando temos uma prova, mudamos de trabalho, esquecemos de comprar algo da lista de compras, quando, antes de dormir, lembramos de algo que fizemos no passado. E pior, parece que ninguém sabe lidar com isso.

Estudantes brilhantes obtêm péssimos resultados e não conseguem ter a perfomance de que gostariam; relacionamentos caem por terra por reações explosivas, apatia, crises emocionais que parecem não fazer sentido; profissionais excelentes estão se tornando emocionalmente incapazes a lidar com a pressão nas empresas.

De fato, tenho recebido vários pacientes que me relatam problemas causados pelo excesso de ansiedade. Em uma das minhas consultas, há algum tempo, tive a oportunidade de ajudar uma jovem estudante de Engenharia que estava sofrendo com ansiedade e dores de cabeça. Ao questioná-la sobre o motivo de seu "estado de alerta", ela me contou suas preocupações:

"Já tenho 22 anos e ainda não estou ganhando dinheiro. Acho que eu já deveria ter minha própria casa. Meu pai vive dizendo que, na minha idade, ele já estava trabalhando."

Nesse momento, expliquei a essa jovem que ela estava sofrendo em função da pressão externa, e por isso não estava aproveitando a fase em que se encontrava. Ela se cobrava como se já tivesse uma vasta experiência profissional! Para ajudá-la a entender melhor a questão, relatei-lhe um aprendizado de um paciente que tive, um executivo bem-sucedido, cujos filhos também seguiram o que pai havia ensinado.

Segundo esse paciente, dos 20 aos 30 anos, é a fase em que se estuda intensamente e se busca absorver todo o conhecimento possível na sua área de atuação. Dos 30 aos 55 anos, é o momento de colher os frutos dos estudos e ganhar dinheiro em cima do conhecimento adquirido. É durante esse período que é possível alcançar estabilidade financeira e construir uma carreira sólida.

Com esse aprendizado, transmiti para a minha jovem paciente a importância de não se preocupar e respeitar o momento em que se encontrava na vida. Reforcei para ela que cada pessoa tem seu próprio ritmo e que era fundamental ela aproveitar o máximo do estágio em que estava naquele momento, de modo que ela vivesse as experiências necessárias para crescer profissionalmente.

Além de perturbar os jovens, a ansiedade também causa impactos significativos nos relacionamentos, especialmente no casamento, se não for devidamente compreendida e gerenciada. É importante lembrar que a ansiedade não é culpa de ninguém, no entanto, suas manifestações podem afetar a dinâmica e a qualidade da vida de um casal.

Certa vez, um paciente, um homem de 39 anos, chegou ao meu consultório com muita dor de cabeça e na região lombar. Tinha um trabalho estável e estava casado havia três anos. No entanto, ele apresentava uma ansiedade crônica que afetava sua vida diária e o relacionamento com sua esposa.

Esse homem estava constantemente preocupado com o seu futuro financeiro, sua saúde, seu trabalho e até mesmo com a estabilidade do seu casamento. Essas preocupações o deixavam em um estado de tensão constante, e ele passou a enxergar o mundo de maneira negativa. A ansiedade era tanta que começava a afetar sua saúde física, causando as dores. Ele estava tão ansioso que não conseguia relaxar ou aproveitar o tempo com sua esposa. Quando chegava em casa depois do trabalho, só queria jogar videogame on-line com seus amigos para tentar aliviar o estresse.

Esse paciente me contou que estava tendo conflitos constantes com a esposa. Ele não tinha energia para se comunicar dignamente com ela e via que os dois se afastavam. A esposa, compreensivelmente, estava cansada das brigas constantes e da falta de conexão emocional. Ela, então, como fuga, ficava direto no celular. Esses comportamentos geravam tensão e estresse no relacionamento e, no fim, a ansiedade gerava conflitos frequentes e um grande desgaste emocional para ambos.

Expliquei a ele como o estresse e a ansiedade estavam afetando seu corpo e sua mente, e ele percebeu que estava prejudicando não apenas sua própria vida, mas também seu relacionamento conjugal. Disse-lhe que um relacionamento duradouro não dependia apenas de ter um olhar apaixonado, mas sim de os dois olharem para a mesma direção e seguirem juntos os desafios desta jornada chamada vida.

Mas, certamente, é no ambiente profissional em que mais se pode perceber os prejuízos da ansiedade e como ela é frequente entre nós. No fim de 2020, a Associação Brasileira de Comunicação Empresarial (Aberje) conduziu uma pesquisa inédita com 327 profissionais de empresas de pequeno, médio e grande portes nas cinco regiões do Brasil. Na pesquisa, intitulada *Comunicação não-violenta nas organizações*,[10] nada menos do

---

[10] AYRES, A. Pesquisa inédita da Aberje sobre comunicação não-violenta está disponível para associados. **Aberj**. Disponível em: https://www.aberje.com.br/52-das-pessoas-sofrem-de-ansiedade-no-ambiente-de-trabalho/. Acesso em: 28 maio 2023.

que 52% dos entrevistados afirmaram que a ansiedade é o estado emocional mais frequente que sentem enquanto trabalham. A maioria dos participantes da pesquisa é do gênero feminino, com idade entre 31 e 45 anos.

Uma outra pesquisa, feita pela Universidade Federal do Rio Grande do Sul (UFRGS),[11] ouviu 1.996 pessoas maiores de 18 anos e revelou que 80% da população brasileira tornou-se mais ansiosa na pandemia do coronavírus. A pesquisa teve como principal conclusão o fato de que, no período de pandemia, as pessoas desenvolveram ou aumentaram sintomas de estresse, ansiedade ou depressão.

Também ganhamos, nos últimos tempos, mais um fator de ansiedade: os aparelhos celulares. No livro *Nomofobia*,[12] os autores relacionam o uso abusivo do celular a transtornos como ansiedade, pânico, impulso, fobia social, transtorno obsessivo-compulsivo, dependência patológica, entre outros. O título da publicação refere-se ao termo pelo qual se convencionou chamar o vício no celular – nomofobia significa *"no mobile-phone-phobia"* (medo irracional de estar sem o celular).

A nomofobia é hoje um problema em todo o mundo, mas parece que em nosso país a situação é pior. Em 2021, o Brasil foi

---

[11] GANDRA, A. Pesquisa revela aumentos da ansiedade entre brasileiros na pandemia. **Agência Brasil**. Disponível em: https://agenciabrasil.ebc.com.br/saude/noticia/2020-10/pesquisa-revela-aumento-da-ansiedade-entre-brasileiros-na-pandemia#. Acesso em: 12 maio 2023.

[12] KING, A.; NARDI, A.; CARDOSO, A. (org.). **Nomofobia**: dependência do computador, internet, redes sociais? Dependência do telefone celular? O impacto das novas tecnologias no cotidiano dos indivíduos. São Paulo: Editora Atheneu, 2004.

apontado pela consultoria AppAnnie[13] como aquele em que a população gasta mais tempo em aplicativos – 5,4 horas diárias. Não é à toa que os números dos transtornos de ansiedade só crescem entre nós.

Para entendermos melhor o que vem acontecendo, vamos descobrir o que é de fato a ansiedade e como ela atinge nosso corpo e nossa mente. O primeiro passo é entender que ela é um efeito biológico normal em nossa existência, em que o corpo se prepara bioquimicamente para que tenhamos uma reação frente às ameaças ou situações desconhecidas, sob as quais não temos controle. Por isso, a ansiedade não é totalmente ruim, mas, sim, um mecanismo de sobrevivência que nos acompanha há milhares de anos.

Há várias situações em que a ansiedade é normal. Quem já não ficou ansioso para falar com aquela paquera? Ou no dia do seu casamento ou do nascimento dos filhos? Ficamos ansiosos até para sermos felizes! Nessas situações, quando sentimos uma ansiedade moderada e passageira, o natural é que logo em seguida o corpo se equilibre novamente. Mas quando temos preocupações excessivas, crônicas e incontroláveis, a ansiedade perde sua função protetora e se torna patológica.

A verdade é que, ao contrário do que alguns imaginam, o nosso cérebro não foi feito para meditar, para ter espiritualidade. O cérebro tem como finalidade maior a nossa sobrevivência.

---

[13] PAIVA, F. Brasil lidera em tempo diário de smartphone no mundo. **MobileTime**, 12 mar 2022. Disponível em: https://www.mobiletime.com.br/noticias/12/01/2022/brasil-lidera-em-tempo-diario-de-smartphone-no-mundo/. Acesso em 24 maio 2023.

É por isso, aliás, que a maioria das pessoas tem dificuldades para meditar, pois a meditação tem que ser aprendida e treinada, não é algo que fazemos naturalmente, como respirar.

Em uma análise fria, a ansiedade patológica é o fracasso do corpo e da mente em lidar com as exigências que lhe são expostas, seja pelo ambiente em que se vive ou pela forma intrínseca como se enxerga o mundo. Não sabemos controlar nossa mente e, consequentemente, nossas reações. Em vez de resolvermos nossas questões agilmente, não fazemos nada e ficamos remoendo o que deveríamos ou poderíamos ter feito.

Quando a intensidade, duração e frequência são exageradas e desproporcionais em relação ao estímulo, a ansiedade desencadeia um sofrimento emocional e compromete negativamente a nossa qualidade de vida e o desempenho diário. Além disso, ela também pode levar a sintomas físicos, como aumento da frequência cardíaca, respiração acelerada e tensão muscular. E esta, com o tempo, pode causar dores.

COMO FUNCIONA A ANSIEDADE

Vamos entender agora como o nosso corpo se relaciona com a ansiedade.

Todos nós temos uma estrutura especial em nosso cérebro que lida com as situações comuns da vida. É o sistema límbico, que desempenha um papel importante no processamento e regulação das emoções e do comportamento. Ele é formado pelo hipocampo, tálamo, hipotálamo, giro do cíngulo, corpo caloso e amígdala.

O sistema límbico está envolvido também na formação das memórias emocionais, na resposta ao medo, na regulação do humor e na tomada de decisões baseadas nas emoções. Por isso ele é chamado de "cérebro emocional".

Nosso sistema nervoso é supercomplexo, mas, resumidamente, ele se divide em duas partes: o sistema nervoso central e o sistema nervoso periférico, que também possui duas divisões – o sistema nervoso somático, que regula nossas ações voluntárias; e o sistema nervoso autônomo, que cuida das ações involuntárias do corpo, aquelas sobre as quais não temos controle.

O sistema nervoso autônomo trabalha de maneiras totalmente opostas por meio dos seus sistemas simpático e parassimpático. O sistema nervoso simpático é o que entra em ação quando estamos diante de situações estressantes ou de emergência. Agora, quando precisamos relaxar e descansar, entra em campo o tempo do sistema nervoso parassimpático, responsável pela resposta de "descanso e digestão" do nosso organismo.

AQUI É ONDE AS COISAS FICAM INTERESSANTES. O SISTEMA LÍMBICO E O SISTEMA NERVOSO AUTÔNOMO ESTÃO DIRETAMENTE RELACIONADOS E TRABALHAM EM CONJUNTO PARA REGULAR AS NOSSAS EMOÇÕES E RESPOSTAS CORPORAIS DIANTE DE DIFERENTES SITUAÇÕES DA VIDA.

Assim, se estamos diante de uma ameaça, o sistema límbico sinaliza ao sistema nervoso simpático para se preparar para a "luta ou fuga", desencadeando uma série de respostas fisiológicas, como o aumento da frequência cardíaca e da pressão arterial. E quando estamos em um momento de relaxamento, o sistema límbico sinaliza ao sistema nervoso parassimpático para promover a redução da atividade do corpo. Esse tempo promove a calma, nos permitindo descansar e digerir os alimentos. É como se ele dissesse para o resto do nosso corpo: "Relaxa, está tudo bem". A frequência cardíaca diminui, a pressão arterial se normaliza e os músculos voltam ao seu estado normal.

E é aí que a ansiedade entra em cena! Quando estamos ansiosos, com pensamentos negativos ou preocupações em excesso, o sistema nervoso simpático é ativado de maneira exagerada, deixando a frequência cardíaca lá em cima, a pressão arterial nas alturas e o esforço descompassado. É como se o corpo estivesse em constante estado de alerta, mesmo quando não há perigo real. Essa resposta exagerada do sistema nervoso simpático é o que nos causa os sintomas físicos da ansiedade. É como se o nosso "cérebro emocional" estivesse dando um alarme falso, deixando-nos superagitados mesmo sem motivo aparente.

Diversos estudos e teorias explicam essa intensa dinâmica do cérebro, ainda não totalmente conhecida, e alguns desses estudos nos revelam a forma como recebemos as nossas emoções. De acordo com a neuroanatomista estadunidense, Jill Bolte Taylor, autora do livro *A cientista que curou seu pró-*

prio cérebro,[14] quando experimentamos uma emoção intensa, como raiva, tristeza ou medo, o fluxo de neuroquímicos correspondente é liberado em nosso cérebro e corpo. Esses produtos químicos, responsáveis por gerar uma resposta emocional, têm uma duração de apenas noventa segundos. Isso significa que, se não alimentarmos essas emoções com pensamentos repetitivos ou histórias mentalizadas, elas naturalmente se dissiparão do nosso organismo em cerca de um minuto e meio.

Na raiva, por exemplo, uma vez que nossa resposta a esse estímulo é desencadeada pelo sistema nervoso simpático, a química liberada pelo cérebro percorre o corpo, tem-se a experiência fisiológica e, noventa segundos depois do disparo inicial, o componente químico desse sentimento dissipa-se completamente no sangue, e a resposta automática está encerrada. Portanto, se você se manteve zangado por mais tempo além desses noventa segundos é porque, de algum modo, não soube como (ou não pôde) interromper esse circuito.

Lembro que, no passado, eu sentia muita raiva se alguém mexesse comigo. Às vezes, eu ficava sentindo raiva o dia inteiro, falava sobre aquilo que havia me provocado no almoço, na janta e ia dormir com esse sentimento. Mas um dia eu compreendi que eu não estava mais sentindo raiva, eu estava remoendo o que já tinha passado. Por isso, hoje, eu me permito sentir raiva por noventa segundos, porque sei que é um efeito fisiológico do meu corpo que se dissipará em pouco tempo.

---

[14] TAYLOR, J. B. **A cientista que curou o próprio cérebro**. São Paulo: HarperCollins, 2013.

Saindo da reação e indo para a percepção, eu consigo compreender que não adianta ficar remoendo o que nos acontece de ruim, o que precisamos é achar uma solução.

Muitas vezes, a intensidade e o tempo que ficamos em determinado estado, sob certa emoção, não permitem que o corpo se regenere, e o pior: fazem com que ele se adapte àquela situação, tornando essa iminência de luta ou fuga um padrão. Isso leva o físico à exaustão e, eventualmente, ao colapso ou, nos casos mais extremos, à morte. Se o tratamento for apenas paliativo, com medicamentos, pode se esperar um resultado semelhante a longo prazo, porque embora os sintomas possam se tornar toleráveis durante algum tempo, a verdadeira causa do problema não está sendo tratada.

De fato, o mundo moderno desencadeia diversos motivos para aumentar em nós a ansiedade, como crises econômicas, pandemia, violência, desemprego e um acúmulo de informações que afetam nosso bem-estar mental. Esses fatores estressantes chamam muita atenção e são praticamente impossíveis de saírem da cabeça. E é exatamente pelo fato de não sabermos lidar com tudo isso que nossas reações se tornam repetitivas e, consequentemente, nossa mente fica sempre em estado de alerta, preparada para lutar ou fugir.

É como eu disse: a ansiedade se traduz em uma manifestação fisiológica e cognitiva, e o corpo reage às emoções através dos músculos. Por isso, se a mente estiver tensa o corpo vai estar tenso. Agora, com o mundo estressado a nossa volta, com a maioria das pessoas vivendo constantemente com a mente agitada e dores no corpo, quem realmente está bem e consegue ter clareza nas ideias e se concentrar?

Não tem jeito, o resultado de tudo isso no trabalho são entregas de resultados medíocres – porque as pessoas não conseguem tomar as decisões mais acertadas –, frustração generalizada pela falta de rendimento e um consequente aumento da agitação mental e dor no corpo. Essa situação pode levar ainda a círculos viciosos como a síndrome de burnout (nome derivado do verbo inglês *to burn out*: "queimar por completo").

Em função de sua frequência no mundo, desde o início de 2022, a síndrome de burnout, ou síndrome do esgotamento profissional, foi incorporada à lista das doenças ocupacionais reconhecidas pela OMS, o que garante aos diagnosticados as mesmas garantias trabalhistas e previdenciárias previstas para as demais doenças do trabalho.[15]

O psicanalista americano Herbert Freudenberger foi, em 1974, quem primeiro descreveu a síndrome como um sentimento de fracasso e exaustão causado por um grande desgaste de energia e recursos internos.[16] Os sintomas são cansaço excessivo, sensação de que não descansou mesmo após dormir, dores de cabeça, queda no rendimento profissional, distúrbios

---

[15] SÍNDROME de burnout já é classificada como doença ocupacional. **Jornal da PUC-SP**, 4 mar. 2022. Disponível em: https://j.pucsp.br/noticia/sindrome-de-burnout-ja-e-classificada-como-doenca-ocupacional. Acesso em: 12 jun. 2023.

[16] Fontes, F.; F. Herbert J. Freudenberger e a constituição do burnout como síndrome psicopatológica. **Memorandum: memória e história em psicologia**, v. 37, 2020. Disponível em: https://doi.org/10.35699/1676-1669.2020.19144. Acesso em: 12 jun. 2023.

alimentares, entre outros. A síndrome pode ser agravada pelas condições de trabalho que aumentam a pressão por resultados.

Quem sofre com burnout apresenta grande necessidade de vencer e ser reconhecido e possui um forte senso de urgência, o que o leva a realizar mais tarefas em cada vez menos tempo. É claro que essas são características valorizadas pelos departamentos de seleção de pessoal das empresas, mas o profissional que não mede sacrifícios no trabalho, na verdade, sofre. Ele dificilmente relaxa, mostra pouca habilidade para lidar com o estresse em situações interpessoais e sua hostilidade se traduz em raiva e irritação.

Também é importante citar o uso abusivo de aparelhos celulares como gatilho para a ansiedade patológica. Os danos do uso excessivo do celular à nossa saúde mental estão relacionados com um circuito neuronal conhecido como sistema de recompensa, que é o que promove a motivação para que realizemos todos as nossas atividades necessárias à vida. É, portanto, um sistema fundamental para a nossa sobrevivência. A dopamina, neurotransmissor importantíssimo do cérebro, atua nesse sistema. Mas a dopamina não é exatamente o neurotransmissor do prazer, como muitos acreditam, porque está mais relacionada ao desejo de uma recompensa.

O prazer de assistir a vídeos ou posts no celular é seguido por um desconforto quando esses terminam, que é uma espécie de efeito rebote, provocado pela dopamina. Então desejamos ver mais um vídeo, e outro, e outro. Assim não interrompemos o nosso prazer, porque ninguém quer se sentir frustrado. Quanto mais prazer a experiência nos traz, mais forte é o efeito rebote, ou seja, mais desejaremos repeti-la. Por outro lado, quanto mais frequente for a experiência prazerosa, mais nos acostumamos e assim precisamos cada vez mais dela.

A ANSIEDADE, DESDE O INÍCIO

Tendemos a acreditar que a ansiedade exagerada é um fenômeno novo, que acontece por causa dos tempos corridos que vivemos. É verdade que a vida nunca foi tão agitada, nunca fomos tão ansiosos como agora, mas a ansiedade faz parte de nós, como já vimos, e é percebida desde os tempos mais remotos!

Há registros de ansiedade desde a Grécia Antiga, e a palavra "pânico" tem origem em Pã, o deus dos bosques na mitologia grega. De aparência assustadora, metade homem, metade carneiro, Pã era temido por aqueles que atravessavam as florestas sozinhos durante a noite, causando gritos, medos e sofrimento.[17]

Apesar de ser conhecida há tanto tempo, a ansiedade teve seus mistérios revelados aos poucos, conforme o avanço dos estudos médicos e comportamentais, e até hoje alguns de seus aspectos ainda intrigam os pesquisadores. Eles estão sempre buscando novos entendimentos sobre essa sensação humana tão importante, mas ao mesmo tempo tão avassaladora quando em excesso.

---

[17] NARDI, A.; QUEVEDO, J.; SILVA, A. (org.) **Transtorno de pânico**. Porto Alegre: Editora ArtMed, 2013.

Ainda no século XVIII, os médicos viam a ansiedade sob o enfoque biológico, ou seja, consideravam apenas os seus sintomas físicos. Mas, no início do século XIX, foi levantada a possibilidade de as doenças mentais serem psicológicas, e não físicas. No fim desse século, os sintomas de ansiedade passaram aos cuidados da psiquiatria, com base nos estudos de Sigmund Freud. Dessa forma, as causas somáticas, até então plenamente aceitas, passaram a dividir a atenção com possíveis causas psicológicas.

Só no final dos anos 1940, reconheceu-se no mundo a necessidade de consenso científico sobre a terminologia das doenças mentais, o que levou à criação do National Institute of Mental Health (NIMH), considerado até hoje a maior organização de pesquisa do mundo especializada em saúde mental. Em seguida, a OMS, pela primeira vez, incluiu uma seção para transtornos mentais.

No início do século XX, o behaviorismo, teoria psicológica que objetiva estudar a psicologia através da observação do comportamento, forneceu base para uma renovada abordagem de tratamento da ansiedade, ao afirmar que o ambiente contribui para desencadear esse transtorno.

Charles Darwin também deu uma contribuição importante para a compreensão da ansiedade. Em seu livro mais importante, *A origem das espécies,*[18] o autor lança a então inovadora ideia da seleção natural, em que afirma que as características físicas e comportamentais de um organismo podem ser consideradas adaptativas – ou selecionadas – quando aumentam a probabili-

---

[18] DARWIN, C. **A origem das espécies**. São Paulo: Edipro, 2019.

dade de sobrevivência e reprodução. Anos mais tarde, Darwin aplica o princípio de seleção natural aos traços emocionais.

Segundo ele, se temos determinados padrões de respostas emocionais, como as observadas em contextos de medo e ansiedade, é porque tais respostas favoreceram a sobrevivência de nossos ancestrais e, por essa razão, foram selecionadas e mantidas ao longo dos milhares de anos de evolução da espécie humana. Nossos circuitos neurais seriam os mesmos dos nossos ancestrais caçadores-coletores.

A teoria evolucionista de Darwin passou a nortear a forma como a psiquiatria ocidental concebe os transtornos psicopatológicos, e a ansiedade é vista como um conjunto de respostas comportamentais, endócrinas e fisiológicas que foram selecionadas ao longo de nossa história evolutiva por sua função adaptativa de nos preparar e proteger contra ameaças, opondo-se ao dualismo cartesiano corpo *versus* mente.

ATUALMENTE, EXISTE MAIS DE UMA CLASSIFICAÇÃO DOS TRANSTORNOS MENTAIS, QUE ESTÃO SEMPRE EM ATUALIZAÇÃO, SEGUNDO OS AVANÇOS DAS PESQUISAS. COM OS ESTUDOS DA NEUROCIÊNCIA, QUE TÊM PERMITIDO EXAMINAR A NEUROANATOMIA E A NEUROQUÍMICA DAS EMOÇÕES, É POSSÍVEL QUE MAIS ATUALIZAÇÕES DE CATEGORIAS DE DIAGNÓSTICO DOS TRANSTORNOS DE ANSIEDADE VENHAM A SER REVELADAS.

OS TIPOS ANSIOSOS

Como já vimos, a ansiedade pode ser positiva, pois é a partir dessa sensação que ficamos alertas a ameaças internas ou externas. Não teríamos evoluído se não contássemos com esse sentimento, que está presente ao longo de toda a nossa vida. Também compreendemos que a ansiedade não é um estado normal, mas sim uma reação normal e esperada em certas situações e, nesses casos, não requer tratamento.

No entanto, esse sentimento pode ser muito nocivo em determinados casos. Assim, quando se está diante de uma resposta inadequada à ansiedade, ou seja, quando a sua intensidade ou duração é maior que o esperado e desproporcional ao estímulo, estamos diante de um quadro patológico, de um transtorno de ansiedade.

O estudo dos transtornos de ansiedade é complexo e não existe apenas uma classificação. A American Psychiatric Association e a Classificação Internacional de Doenças e Problemas Relacionados com a Saúde da OMS, por exemplo, diferem em alguns aspectos na definição dos transtornos de ansiedade.[19] Mas, em geral, eles são agrupados em cinco categorias: ansiedade generalizada, pânico, transtorno obsessivo compulsivo, fobias e estresse pós-traumático.

Vamos conhecer aqui rapidamente quais são e como são definidos esses transtornos, embora o nosso foco maior seja

---

[19] RAMOS, W. F. **Transtornos de ansiedade**. Monografia. Graduação em Acupuntura. EBRAMEC – Escola Brasileira de Medicina Chinesa, São Paulo, 2015.

o transtorno de ansiedade generalizada, que é o que mais frequentemente percebo e trato em meus pacientes.

Quem já não ouviu falar do TOC, o transtorno obsessivo-compulsivo? É aquele em que a pessoa apresenta comportamentos repetitivos e sem propósito. Podem surgir também obsessões, com ideias sem sentido de modo recorrente. Esse tipo de transtorno pode ser um problema incapacitante, quando as manias e obsessões consomem muitas horas do dia e interferirem significativamente no trabalho e nas atividades sociais da pessoa.

O pânico, aquele cujo nome tem origem no deus grego Pã, é outro transtorno de ansiedade que causa uma terrível sensação de que se vai morrer, perder o controle ou ficar louco. Acontece de maneira abrupta, assustando a pessoa sem uma razão específica. Pode ser caracterizado ainda pela agorafobia, que é o medo de se estar sozinho em locais onde a fuga seja difícil.

E a timidez pode ser um transtorno? Sim, quando em exagero. É o que se chama fobia social. Quadro em que pessoa apresenta um medo acentuado e persistente nas situações em que é exposta à avaliação de outras pessoas. Existe ainda as fobias específicas, que são os medos irracionais e excessivos perante um objeto, situação ou atividade e até determinados animais.

Já o estresse pós-traumático é caracterizado como uma reação tardia a um trauma. Nela, o motivo do trauma é persistentemente revivido em forma de imagens, memórias, pensamentos, percepções, sonhos ou recordações angustiantes, causando sensações físicas de desconforto e ansiedade.

Voltando ao transtorno de ansiedade generalizada, que é a que nos interessa neste livro, ela é caracterizada quando a pessoa apresenta uma ansiedade ou preocupação excessiva e desproporcional à realidade, acompanhada de inquietação, fatigabilidade, dificuldade em concentrar-se, irritabilidade, tensão muscular e perturbação do sono. Nota-se que quem tem transtorno de ansiedade generalizada nem sempre é capaz de identificar suas preocupações como excessivas, mas tem dificuldade de controlá-las, o que provoca prejuízos em seu meio social ou ocupacional.

Os sintomas somáticos do transtorno de ansiedade generalizada podem ser imediatos – boca seca, suor, respiração curta, sensações de tensão muscular, latejo na cabeça, pulso rápido e aumento de pressão sanguínea, – ou apresentar um caráter crônico que vai debilitar o sistema fisiológico, provocando, entre outros problemas, fadiga geral, fraqueza e dores musculares, taquicardia, dificuldade de relaxar e dores de cabeça.

Como você pôde ver, são muitos os danos causados por esse transtorno, e eles podem causar não apenas infelicidade, mas também dores que muitas vezes se tornam crônicas, como veremos no próximo capítulo.

Capítulo 3

DOR CRÔNICA E
ANSIEDADE

Durante muito tempo, as dores não eram vistas como sintomas de doenças ou algum problema com um de nossos órgãos. Sentir dores era interpretado como uma punição divina e até mesmo como uma forma de purificar a alma.

Hoje, felizmente, conhecemos grande parte dos mecanismos que envolvem as dores, inclusive sabemos que elas são essenciais à vida. Sim, sentir dor é necessário. Já imaginou como seria viver sem dor? Seria difícil detectar qualquer problema de saúde! É a dor que funciona como um sinal de alerta de que algo está errado em nosso organismo.

AS DORES SÃO, PORTANTO, UMA RESPOSTA FISIOLÓGICA MUITO IMPORTANTE E FUNDAMENTAL PARA A NOSSA SOBREVIVÊNCIA. MAS O FATO É QUE NINGUÉM QUER SENTIR DOR, NÃO É MESMO? MAS SERÁ QUE ESTAMOS NOS PREVENINDO DAS DORES? SERÁ QUE PRECISAMOS SENTIR TANTAS?

Segundo o estudo *Prevalência de dor crônica no Brasil: revisão sistemática*,[20] mais de 45% dos brasileiros sofrem de dores crônicas, com maior prevalência em mulheres, tanto adultas quanto idosas. A análise revelou, ainda, que a região lombar é o local com maior prevalência de dor crônica (41,96%), seguida por membros inferiores, cabeça, articulações e membros superiores.

A Sociedade Brasileira do Estudo da Dor (SBED) aponta a mudança do estilo de vida como uma das causas do aumento de casos de dores. De fato, se trabalhamos mais sentados, e adotamos movimentos repetitivos, nosso corpo reclama de falta de movimento, e então surgem as dores. Mas o aumento

---

[20] AGUIAR, D.; SOUZA, C.; BARBOSA, W.; SANTOS-JUNIOR, F.; OLIVEIRA, A. **Prevalência de dor crônica no Brasil: revisão sistemática**. Sociedade Brasileira para o Estudo da Dor. São Paulo, 2021. Disponível em: https://www.scielo.br/j/brjp/a/Ycrw5pYxPJnwzmkKyBvjzDC/?lang=pt#. Acesso em: 12 maio 2023

da longevidade também conta. Vivemos mais, o que representa mais problemas como dores nas articulações, inflamações, doenças reumáticas e outras enfermidades dolorosas.

Também percebo em minha prática um aumento do número de pessoas com dores crônicas. São aquelas que passam horas trabalhando na frente do computador, vivem sob pressão de prazos e anseiam serem reconhecidas no trabalho. Curioso é que, quando aparecem as dores, as pessoas em geral atribuem o problema à cadeira de trabalho, à má postura ao sentar-se. Mas quem observar com mais atenção vai perceber que a maioria das pessoas ao seu redor está com a mesma postura e as mesmas dores. Então todos acabam achando normal.

Realmente, a má postura sentada tem uma influência no surgimento das dores, porém, acredito que a tensão que o corpo fica por trabalhar em um grau alto de ansiedade o enrijece. Mente tensa é igual a corpo tenso, lembra? Os músculos ficam enrijecidos, comprimindo a circulação e causando um déficit sanguíneo que não deixa os músculos se regenerarem. Então eles comprimem os nervos, causando neles uma sensibilização que tem, como consequência, a dor. Por isso é comum que os anti-inflamatórios para aliviar as dores não funcionem, pois o problema primordial não é inflamação em si.

Hoje sabemos que o estresse aumenta a tensão muscular e afeta a postura, o que vai causar dores musculoesqueléticas crônicas, e que a ansiedade também provoca dores de cabeça e nas costas. Além disso, uma ansiedade contínua pode levar a um estado de estresse emocional, o que acarretará uma maior sensibilidade à dor ou um estado de hipervigilância, quando uma pessoa está constantemente monitorando seu corpo em busca de sinais de dor ou outros sintomas. Isso, por sua vez, novamente vai levar a uma maior percepção da dor.

Como a dor não é visível, ou seja, não existem sinais óbvios de que ela está aconteceu e muito menos ela vem acompanhada de uma lesão, em alguns casos a pessoa a esconde para que os outros não pensem que é um exagero, uma "frescura". Por isso muitas não pedem ajuda. Não é à toa que vivemos em um mundo em que duas grandes epidemias andam juntas: dores crônicas e ansiedade.

POR QUE DÓI TANTO?

Em seu livro *Ponto de mutação*, Fritjof Capra[21] afirma que a dor é um fenômeno ainda pouco compreendido em função da incapacidade dos cientistas biomédicos de integrar elementos físicos e psicológicos. O autor acredita que, para entendermos a dor e sermos capazes de aliviá-la, devemos considerá-la em seu contexto amplo, que inclui o estado mental do paciente, seu sistema de crenças, o apoio emocional com que conta etc. Mas a atual prática médica tenta reduzir a dor a um indicador de algum distúrbio fisiológico específico. Em geral, ela é tratada por meio da negação e suprimida com analgésicos.

---

[21] CAPRA, F. *op. cit.*

Um estudo do Instituto de Psiquiatria do Hospital das Clínicas da Faculdade de Medicina da Universidade de São Paulo,[22] realizado em 2009, entrevistou 5.037 moradores da região metropolitana de São Paulo, com 18 anos ou mais, e descobriu que os distúrbios de ansiedade são largamente associados com dor crônica (45%) e doenças respiratórias (30%), assim como com artrite e doenças cardiovasculares (11% cada).

O mesmo estudo constatou que dos cerca de 11 milhões de moradores adultos da região, 10%, ou 1,1 milhão de pessoas, tiveram depressão nos últimos doze meses. Já os transtornos de ansiedade acometem mais de 2,2 milhões de paulistanos, sendo que 990 mil também apresentam um quadro de dor crônica. Seguindo esse cálculo, no total, mais de 2 milhões de pessoas convivem com depressão ou ansiedade associadas a dor crônica na região.

Essa é uma conversa urgente, mas ainda tímida. Porque não são todas as empresas que se preocupam com seus profissionais esgotados, as pessoas têm medo de falar de suas fraquezas ou simplesmente acham tão normais os sintomas de dor que não se tratam. E continuam assim até o dia em que o corpo não consegue se sustentar mais e acaba adoecendo, podendo chegar até à invalidez.

---

[22] SOUZA, L. Estudo da USP relaciona dor crônica a casos de ansiedade e depressão. **Agência Brasil**, 20 jul. 2017. Disponível em: https://agenciabrasil.ebc.com.br/geral/noticia/2017-07/estudo-da-usp-relaciona-dor-cronica-casos-de-ansiedade-e-depressao. Acesso em: 12 mai 2023.

NOVAS VISÕES DA DOR

Os mecanismos fisiopatológicos da dor crônica ainda são pouco conhecidos, mas, pela minha experiência clínica, acredito que há três principais fatores que juntos causam a dor crônica: desajuste corporal, estagnação energética e mente agitada, ou seja, ansiedade.

O desajuste corporal é a falta de equilíbrio ou desalinhamento nas estruturas musculares, ósseas ou articulares. O corpo desalinhado leva a uma distribuição desigual das forças e tensão nos tecidos corporais – um exemplo disso é o desalinhamento da coluna vertebral. Essa sobrecarga pode levar à inflamação crônica dos tecidos, como músculos, ligamentos, tendões ou até mesmo nervos. À medida que a inflamação persiste, os receptores de dor nos tecidos se tornam sensibilizados, o que significa que eles ficam mais sensíveis e responsivos aos estímulos, incluindo o próprio movimento ou a pressão normal que o corpo experimenta.

Além disso, o desajuste corporal afeta a mecânica do movimento em alguns casos. Quando o corpo está desalinhado, certos músculos se tornam tensos e encurtados, enquanto outros se tornam fracos e alongados. Esse descontrole muscular leva a uma alteração na maneira como o corpo se move e se estabiliza, colocando ainda mais estresse sobre certas estruturas e aumentando o risco de lesões e dor crônica.

Além disso, o desajuste corporal pode levar a alterações no padrão de movimento e nas atividades cognitivas de uma pessoa, resultando, assim, em um círculo vicioso de dor em que o corpo se adapta para evitar a dor. Mas essa adaptação cria desequilíbrios e sobrecargas em outras áreas, levando a mais dor e disfunção.

> **SOBRE A ESTAGNAÇÃO ENERGÉTICA, TRATA-SE DE UM CONCEITO UTILIZADO NA MEDICINA CHINESA PARA DESCREVER UM DESEQUILÍBRIO NO FLUXO DE ENERGIA VITAL, CONHECIDO COMO QI, PELO CORPO. DE ACORDO COM ESSA PERSPECTIVA, QUANDO O FLUXO DE QI É OBSTRUÍDO OU BLOQUEADO, PODE OCORRER DOR, DESCONFORTO OU DISFUNÇÃO EM DIFERENTES PARTES DO CORPO.**

O sangue, além de ser uma substância física, é considerado pela medicina chinesa uma manifestação do Qi. Assim, se houver estagnação energética, o fluxo sanguíneo pode ser comprometido, causado uma diminuição do suprimento de nutrientes e oxigênio aos tecidos, já que o fluxo sanguíneo adequado é vital para manter a saúde e o equilíbrio do corpo. Isso pode levar a uma variedade de condições, como dor crônica, tensão muscular, inflamação e cicatrização lenta de feridas.

A osteopatia, abordagem médica alternativa que se baseia no princípio de que o corpo possui a capacidade intrínseca de se curar e regular, também tem a mesma compreensão sobre a importância da circulação sanguínea para o equilíbrio do corpo.

Por fim, vamos ver a influência da mente agitada sobre as dores crônicas.

Quando uma pessoa está ansiosa, o sistema nervoso simpático é ativado, desencadeando a resposta de "luta ou fuga", como sabemos. Mas a ativação prolongada do sistema nervoso pode levar à tensão muscular generalizada. Os músculos ficam contraídos e surgem as dores musculares, especialmente nas áreas do pescoço, ombros e costas. A tensão muscular crônica, em alguns casos, comprime os nervos e causa dor irradiada para outras partes do corpo.

Por outro lado, o sistema nervoso parassimpático, que promove a calma, o relaxamento e a recuperação do corpo após o estresse, muitas vezes não funciona de modo equilibrado com o sistema simpático em pessoas com ansiedade. Além disso, a ansiedade crônica e a ativação contínua do sistema nervoso simpático podem levar a problemas de saúde a longo prazo, como dores de cabeça crônicas, distúrbios digestivos e enfraquecimento do sistema imunológico, o que também contribuirá para as dores em certos casos.

JÁ TOMOU ALGUM REMÉDIO HOJE?

Atendi, certa vez, um executivo que sentia dores na região lombar há muito tempo e precisava tomar remédio todos os dias para poder trabalhar. Ele já havia arrumado a altura da tela do computador, trocado várias vezes a cadeira, mas nada resolvia. Quando o avaliei, percebi que seu corpo estava tão tenso que ele se movia em bloco, como um robô. Era claro que nenhum remédio resolveria as dores lombares daquele executivo. Antes de tudo, ele precisava cuidar de sua ansiedade.

Uma pessoa ansiosa tem a sensação de que a sua mente opera 24 horas por dia, todos os dias da semana, não oferecendo descanso nem mesmo durante o sono, nas situações de lazer e em ocasiões de relaxamento. É uma pessoa que vive com preocupações do seu passado e sobre seu futuro e, assim, tem dificuldades de se concentrar no presente. E isso também acontecia com o meu paciente.

Expliquei para ele que o remédio que tomava era só paliativo: aliviaria os sintomas e não a causa da dor, de modo que a lesão aumentaria, e ele teria de tomar medicamentos cada vez mais fortes. A ansiedade estava deixando seu corpo rígido e, para aliviar o problema, ele precisaria trabalhar a mente e o corpo juntos, praticando atividades consideradas prazerosas, voltar a ter uma vida social mais ativa, além do tratamento que eu lhe proporia.

O problema é que muitas pessoas não querem parar para se tratar e preferem acreditar que existe uma pílula mágica para aliviar suas dores. Esse é um problema cada vez mais sério em nossa sociedade. Quem não se lembra da surpreendente morte de Michael Jackson em 2009? A notícia que abalou o mundo foi cercada de mistérios e muitas informações desencontradas, e somente após a autópsia e exames toxicológicos os legistas concluíram que o astro morrera por intoxicação aguda de medicamentos para dor.[23] Infelizmente, assim como o grande astro do pop, muitas pessoas acabam morrendo em função de analgésicos.

Em 2013, o governo dos Estados Unidos divulgou um estudo que apontava o perigo do uso abusivo de medicamentos. Naquele ano, as mortes por overdose de drogas havia subido pelo 11º ano consecutivo, sendo a maioria por acidentes envolvendo analgésicos que causam dependência. Segundo o diretor dos Centros de Controle e Prevenção de Doenças, que reuniu e analisou os dados, a maioria dos casos envolvia drogas prescritas. Ele acredita que muitos médicos e pacientes não percebem o quanto esses analgésicos podem ser viciantes, e que elas estão muitas vezes sendo prescritas para casos de dores que podem ser viciantes controladas com medicamentos menos arriscados.[24]

É de fato um problema muito sério a forma como as pessoas estão se acostumando a tomar remédios mais fortes do que um simples anti-inflamatório. Um exemplo são os benzodiazepínicos, indicados para tratar a ansiedade, por diminuírem a atividade de neurotransmissores do cérebro. Com isso, esses medicamentos provocam uma sensação de relaxamento mental, corporal e de sono. Em um primeiro momento, eles

---

[23] JUSTE, M. Morte de Michael Jackson mostra perigo de usar remédios por conta própria. **Globo**, 25 ago. 2009. Disponível em: https://g1.globo.com/Noticias/Ciencia/0,,MUL1279674-5603,00-MORTE+DE+MICHAEL+JACKSON+MOSTRA+PERIGO+DE+USAR+REMEDIOS+POR+CONTA+PROPRIA.html. Acesso em: 12 jun. 2023.

[24] MORTES por overdose de analgésicos crescem nos EUA. **Coren**, 2013. Disponível em: http://www.corenms.gov.br/mortes-por-overdose-de-analgesicos-crescem-nos-eua_1729.html. Acesso em: 03 jun. 2023.

são altamente eficazes, porém não devem ser administrados por longos períodos.

Os benzodiazepínicos são muito consumidos em todo o mundo há mais de trinta anos, e geralmente são prescritos para tratar sintomas como ansiedade, distúrbios do sono, abstinência do álcool, comportamento violento e agressivo. Também são usados para relaxamento muscular. No entanto, a ingestão crônica desse medicamento está ligada a uma extensa lista de efeitos colaterais incluindo demência, declínio cognitivo, distúrbios psicomotores, sonolências diurnas, acidentes automobilísticos, fraturas e quedas em idosos, dependência e sintomas de abstinência.

No Brasil, estima-se que quase 2% da população adulta seja usuária crônica de benzodiazepínicos, conforme aponta a Unidade de Pesquisas em Álcool e Drogas[25]. Esse quadro revela uma combinação de falta de políticas eficazes para combater a prescrição excessiva e esforço insuficiente para educar a população sobre os riscos desses remédios.

A verdade é que as pessoas que tomam esses e outros medicamentos semelhantes não sabem que eles que podem causar dependência ou efeitos colaterais severos, e acabam consumindo-os como se fossem balas de chupar, sem ter noção do mal que estão causando à própria saúde.

---

[25] CATUNDA, M. Uso frequente de medicamentos benzodiazepínicos pode trazer riscos à saúde. **Sesa - Secretaria de Saúde do Estado do Ceará**, 4 abr 2022. Disponível em: https://www.saude.ce.gov.br/2022/04/04/uso-frequente-de-medicamentos-benzodiazepinicos-pode-trazer-riscos-a-saude. Acesso em: 01 jun. 2023.

Hoje, temos vários estudos demonstrando que as mulheres são as maiores consumidoras dos benzodiazenípicos. Um deles é o artigo publicado na *Sanare – Revista de Políticas Públicas*, que revela números cerca de três vezes maiores do que os de consumo da população masculina.[26] E, de fato, já se sabe que as mulheres são mais acometidas pelos transtornos de ansiedade ao longo da vida, por diversos motivos.

> MULHERES SOFREM MAIS PRESSÃO PARA MOSTRAR QUE SÃO EFICIENTES TANTO NO TRABALHO QUANTO NA FAMÍLIA. AS QUE SÃO BOAS EXECUTIVAS SOFREM PORQUE TEMEM ESTAR LARGANDO A FAMÍLIA. E QUANDO PRIORIZAM A FAMÍLIA, SOFREM PORQUE NÃO SABEM COMO FICARÁ SUA CARREIRA PROFISSIONAL NO FUTURO.

Além disso, são as mulheres que mais sofrem violência em nossa sociedade, algumas passam por relacionamentos abusivos e são elas as principais vítimas de assalto e estupros na rua, o que as deixa mais vulneráveis, em constante estado de medo, angústia e ansiedade.

Existe também a questão fisiológica. Os hormônios femininos progesterona e estrogênio têm grande influência no humor,

---

[26] PONTES, C.; SILVEIRA, L. Abuso de benzodiazepínicos entre mulheres: o que esse fenômeno (re)vela? **Sanare - Revista de Políticas Públicas**. v. 16, n. 1, jan.-jun., 2017.

e o desequilíbrio desses hormônios, como acontece no período pré-menstrual, a conhecida TPM, pode causar sintomas como ansiedade e depressão mais leve.

Tendo em vista todo esse contexto, há pessoas que nem mais reparam em quantos comprimidos estão tomando para se sentirem melhores. E o pior, já estamos achando normal. É comum encontrar aquelas que tomam remédio para dor todos os dias.

Já reparou em pessoas que entram na farmácia como quem está fazendo compras no supermercado? Pegam a cestinha e recolhem pelas prateleiras os seus remédios para dor de cabeça, para dor lombar, para gastrite... E ainda chega a atendente da farmácia perguntando: "Não quer aproveitar a promoção do ansiolítico?".

A medicina nunca esteve tão avançada, e nós nunca estivemos tão doentes.

Capítulo 4

VOCÊ ESTÁ VIVENDO EM ESTADO **DE ALERTA?**

Quem já chegou em casa com os ombros tensionados, foi para a cama dormir e não conseguiu porque estava extremamente agitado? Isso acontece porque a mente da pessoa está em um estado de alerta tão intenso que ela não consegue desarmar o estado de luta ou fuga.

A pessoa que vive assim já acorda preocupada se o dia vai dar certo ou errado, fica irritada porque está presa no trânsito, no trabalho fala que está tudo errado, não almoça porque acha que não dá tempo. O corpo vai ficando cada vez mais tenso, agoniado e com dores generalizadas. Atualmente, os melhores profissionais estão com esses sintomas. E é provável que neste exato momento você esteja sentindo um deles.

Essas dores e tensões interferem diretamente na nossa performance e tomada de decisão. Então, a pressão da família e do trabalho se somam com a infelicidade pela falta de resultados, e você acaba se sentindo com as mãos atadas, vivendo uma rotina automática que não traz prazer algum. A mente fica tão agitada que os problemas cotidianos se tornam uma preocupação desproporcional à situação, causando sofrimentos psíquicos, fisiológicos e prejuízos funcionais para a vida pessoal e profissional.

Como já vimos nos últimos capítulos, a ansiedade é uma função normal do cérebro, é o que o deixa em estado de alerta. Isso é fisiológico, porque o nosso cérebro foi feito primordialmente para sobreviver. Como consequência, quando vê que está correndo risco, o cérebro descarrega uma cascata neurofisiológica e hormonal que prepara nosso corpo para entrar em estado de alerta e agirmos rápido para fugir ou lutar contra o perigo.

No entanto, quando a ansiedade é exacerbada, ela perde a função protetiva, passando a ser caracterizada por medo persistente e excessivo, preocupação e excitação física, podendo ser um gatilho para outros transtornos patológicos. Por isso é que a ansiedade não deve ser eliminada, e, sim, controlada. Mas, afinal de contas, o que acontece em nosso corpo quando entramos no estado de alerta?

Gosto de dar o exemplo de um cachorro latindo às minhas costas. Eu vou me assustar, ter uma taquicardia, minha respiração vai ficar ofegante (sensação de afogamento ou sufocamento). Vão surgir ainda sudorese, mãos frias, boca seca, tremores e fraqueza muscular, dores no corpo, angústia, apreensão, enfim, vai haver uma descarga de adrenalina e cortisol no meu corpo. Vou ter uma vasoconstrição, e meus músculos vão se contrair por inteiro. É dessa forma que meu corpo se preparar para a ameaça em potencial! Vai ficar em estado de alerta, preparado para fazer o que for preciso para sobreviver.

Se o cachorro for pequeno, eu luto, se ele for grande, sebo nas canelas: eu fujo. Mas quando eu não vir mais o cachorro, quando eu não tiver mais o problema, eu me desarmo, o meu corpo se reorganiza e tudo volta ao normal.

Mas atualmente as pessoas estão tão ansiosas que ficam em estado de alerta constante. A questão é: por quê? Quais são os motivos que deixam as pessoas nesse estado? E por que elas não se desarmam? Porque elas não sabem se lutam ou se fogem! É muita informação para a mente processar, muita cobrança e medo do futuro em um cenário em que tudo muda extremamente rápido. Olhem como o corpo fica contraído, não há como não se machucar ou não sentir dores.

Não é à toa que a sociedade está, em sua maioria, ansiosa e em estado de alerta: o mundo mudou, e esqueceram de avisar ao cérebro! Imagine que há trinta anos, quando eu morava no Japão e queria entrar em contato com meus amigos do Brasil, escrevia uma carta que levava um mês para chegar. Hoje, falo em videoconferência de qualquer lugar do mundo como se meu interlocutor estivesse no quarto ao lado! As revistas semanais fecharam porque se tornaram notícia velha.

A velocidade com que nos chegam as informações é imensa, e às vezes recebemos tantos dados que é impossível processar tudo rapidamente, fato que faz o cérebro ficar preocupado com muita coisa ao mesmo tempo. Hoje, tudo tem que ser feito o mais rápido possível, quase que instantaneamente. Isso nos deixa cada vez mais ansiosos e não nos dá tempo para podermos parar para compreender as coisas e sairmos do estado de alerta.

É CLARO QUE NÃO PODEMOS PARAR O TEMPO OU CONTROLAR A VELOCIDADE DAS COISAS, A VIDA É COMO É. MAS PODEMOS NOS TRATAR E CUIDAR BEM DO NOSSO CORPO E DA NOSSA MENTE PARA VIVERMOS MELHOR. E O SHIATSU É UMA MANEIRA DE FAZER ISSO.

O SHIATSU E A ANSIEDADE

Meu primeiro contato com o shiatsu foi na minha família, com o meu pai. Eu ainda era jovem, e aconteceu ao longo dos seis anos em que morei no Japão. Durante um período lá, trabalhei numa linha de montagem de automóveis, um trabalho extremamente mecânico. Quando eu chegava em casa, meu pai fazia massagens no meu corpo para aliviar as tensões musculares e, de fato, elas funcionavam muito bem e me faziam me sentir melhor.

A partir dessa época, despertei para os benefícios do shiatsu, e desde então venho me aperfeiçoando nessa massagem corporal, descobrindo seus inúmeros benefícios para o corpo e a mente. Mas, afinal, o que é o shiatsu? E como ele pode aliviar, entre outros males, a ansiedade?

O shiatsu é um método terapêutico que surgiu no Japão entre o final do século XIX e início do século XX, baseado nas tradições filosóficas, marciais e religiosas praticadas naquela época. A técnica ficou restrita aos japoneses durante muitos anos, mas após a onda migratória acontecida a partir da Segunda Guerra Mundial, o shiatsu se espalhou pelo mundo. No Brasil, até por volta dos anos 1960, ela era conhecida apenas entre os japoneses e seus descendentes, mas, a partir da década de 1980, o shiatsu se propagou pelo país. Foi nessa época que teve início o processo de reconhecimento oficial da técnica e formalização do seu ensino entre os brasileiros.[27]

Hoje, existem várias vertentes do shiatsu em todo o mundo, mas a sua base primordial é a aplicação de pressões com os dedos ao longo do corpo (a palavra shiatsu vem de *shi* = dedos + *atsu* = pressão). Segundo conhecimentos da medicina tradicional japonesa e chinesa, o fluxo de nossa energia vital percorre canais do corpo humano, que são conhecidos como meridianos. Pode-se comparar esse fluxo com o sangue que corre por nossas veias e artérias. Mas cada meridiano

---

[27] SHIATSU. *In:* Wikipedia. Disponível em: https://pt.wikipedia.org/wiki/Shiatsu#Hist%C3%B3ria_do_Shiatsu. Acesso em: 17 maio 2023.

está relacionado a determinadas características orgânicas, psicológicas e emocionais.

Em alguns pontos do corpo, o fluxo dessa energia pode se alterar e criar um padrão de desequilíbrio ou desarmonia, o que vai se refletir na nossa saúde física e mental. No shiatsu, o que se faz é pressionar esses pontos, que são os mesmos usados na acupuntura, para normalizar o fluxo de energia, ajustar o corpo, ativar a circulação sanguínea e linfática e melhorar o estado das articulações. Com a liberação de neurotransmissores como a endorfina, o analgésico natural, e a serotonina, o neurotransmissor do bem-estar, conquista-se o equilíbrio do fluxo energético em todo o corpo.

O shiatsu tem como regra olhar o indivíduo como um todo, e não apenas o seu problema ou a sua queixa. Outra característica da técnica é a não utilização de aparelhos ou elementos artificiais. É, portanto, um meio natural de curar e ao mesmo tempo ampliar nas pessoas a consciência do próprio corpo.

A efetividade do shiatsu já foi comprovada em diversas pesquisas sobre os mais diferentes males. Uma pesquisa realizada na Faculdade de Medicina da Universidade de São Paulo (FMUSP)[28] comprovou que o shiatsu é uma terapia complementar eficaz para aliviar as dores de pacientes com fibromialgia, doença caracterizada por dores crônicas em diversas partes do

---

[28] MELO, M. Shiatsu melhora qualidade de vida de pessoas com dores, revela estudo da FMUSP. **Universidade de São Paulo.** 31 jan 2013. Disponível em: https://www5.usp.br/noticias/saude-2/shiatsu-melhora-qualidade-de-vida-de-pessoas-com-dores-revela-estudo-da-fmusp/. Acesso em: 31 maio 2023.

corpo. Além do alívio das dores, houve melhora da qualidade do sono, da sensação de equilíbrio e da qualidade de vida das pessoas avaliadas.

Antes da aplicação do shiatsu, 70% dos participantes disseram que a fibromialgia tinha um forte impacto em seu cotidiano. Após oito semanas de tratamento com shiatsu, 29% afirmaram o mesmo. Na avaliação da qualidade de sono, 94% disseram sofrer com distúrbios do sono. Após as oito semanas de shiatsu, a taxa caiu para 59%.

Outro estudo realizado em 2013, no Hospital Shahid Motahhari em Teerã, no Irã, em pacientes internados por queimaduras,[29] também demonstrou os benefícios do shiatsu para a ansiedade. Sabe-se que pacientes queimados experimentam altos níveis de ansiedade durante e após a troca de curativos. Inquietação, tristeza, perda de apetite, aumento da pressão arterial, respiração irregular e palpitações são os sintomas mais prevalentes nesse caso.

A massagem foi realizada nas áreas saudáveis disponíveis nas mãos dos pacientes, pelo menos da ponta dos dedos ao cotovelo. Com base nos resultados, o estudo concluiu que vinte minutos de massagem shiatsu nas mãos são benéficos para controlar a ansiedade de pacientes queimados. Demonstrou-se, ainda, que a massagem nas mãos pode reduzir a ansiedade

---

[29] MOHADDES ARDABILI, F.; PURHAJARI, S.; NAJAFI GHZELJEH, T.; HAGHANI, H. The effect of shiatsu massage on underlying anxiety in burn patients, **World Journal of Plastic Surgery**, 2015. n.4, v.1, p. 36-39. Disponível em: https://pubmed.ncbi.nlm.nih.gov/25606475/. Acesso em 7 jul. 2023.

em pacientes que aguardam cirurgia. Eles apresentaram níveis mais baixos de estresse e tensão em comparação àqueles que receberam um cuidado comum por parte dos enfermeiros.

Os pesquisadores do Hospital Shahid Motahhari destacaram os benefícios do shiatsu nesses casos. Segundo eles, as técnicas de relaxamento são os métodos não farmacológicos mais importantes para o controle da ansiedade. As abordagens não farmacológicas são afetadas através do hipotálamo no sistema nervoso parassimpático, causando diminuição da frequência cardíaca, pressão arterial, metabolismo, frequência respiratória e consumo de oxigênio.

Como podemos ver, o shiatsu tem sido aplicado em diversas áreas da medicina, como uma terapia complementar, apresentando ótimos resultados.

O SHIATSU MÉTODO SHIRA

Após 23 anos de prática com o shiatsu em meus pacientes, eu criei um método próprio, o Shiatsu Método Shira, em que desenvolvo especialmente os conceitos fisiológicos da medicina moderna. Com o método, tenho atendido milhares de pessoas em minha clínica, e posso dizer que venho sendo muito bem-sucedido no que faço.

Apesar de os conceitos da medicina oriental serem totalmente diferente dos conceitos da medicina ocidental, os dois têm uma relação profunda. Para se ter uma ideia, 70% dos pontos de acupuntura são pontos de junção neuromusculares. Como os conceitos energéticos são muito abstratos, eu decidi estudar a fundo a fisiologia dos pontos de acupuntura para entender melhor o seu mecanismo de cura. Foi quando entendi que, realizando pressão nos pontos de acupuntura numa intensidade e tempo adequados, o corpo tende a liberar a endorfina e os neurotransmissores que ajudam a combater a ansiedade.

Então, com base nos conceitos fisiológicos da medicina moderna, e usando os pontos da medicina oriental, consigo, com o Shiatsu Método Shira, atingir de maneira mais prática os pontos onde é possível aliviar sintomas como a dor muscular, e diminuir a ansiedade generalizada em meu paciente.

O SHIATSU MÉTODO SHIRA AJUDA A REDUZIR OS SINTOMAS DAS PESSOAS MUITO ANSIOSAS E AJUDA A PROMOVER A CONSCIÊNCIA CORPORAL, MELHORANDO E EQUILIBRANDO A CONEXÃO ENTRE A MENTE E O CORPO. E UMA OUTRA CARACTERÍSTICA DO MÉTODO É QUE, EM FUNÇÃO DE SUA SIMPLICIDADE, QUALQUER PESSOA PODE APLICÁ-LO.

Um dos principais mecanismos pelo qual o shiatsu pode ajudar a reduzir a ansiedade é através da ativação do sistema nervoso parassimpático, responsável por promover a resposta de relaxamento. Quando o shiatsu é aplicado em pontos específicos do corpo, estimula a atividade desse sistema, ajudando a equilibrar as respostas ao estresse.

Outro mecanismo importante do método é a regulação dos níveis de serotonina, que desempenha um papel importante na controle do humor e das emoções. Colaborando para aumentar os níveis desse neurotransmissor no cérebro, o shiatsu ajuda a reduzir os sintomas de ansiedade e melhorar o humor.

O coração e o pulmão também são órgãos que têm um papel importante na ansiedade. Quando uma pessoa está muito ansiosa, muitas vezes ocorre uma alteração na frequência cardíaca e na respiração, levando a sintomas como palpitações e hiperventilação – quando se inala muito mais oxigênio do que a quantidade de gás carbônico que é eliminada, quebrando o processo normal de respiração e tornando-a muito mais acelerada ou profunda. O Shiatsu Método Shira ajuda a regular a frequência respiratória e cardíaca, promovendo a sensação de calma e relaxamento.

Também tenho experimentado a aplicação de shiatsu no rosto, o shiatsu facial, pois acredito que a técnica promove uma limpeza emocional, ajudando a diminuir a ansiedade. Como todos sabemos, as expressões das nossas emoções, da nossa alegria, raiva, tristeza, estão evidenciadas em nosso rosto. Então, é claro que os músculos faciais estão diretamente ligados à nossa emoção. Há pessoas que, de tanto contraírem os músculos faciais quando sentem, por exemplo, raiva, acabam os enrijecendo, da mesma forma que os músculos do nosso corpo se contraem e ficam rígidos quando estamos ansiosos.

Se uma pessoa vive preocupada, ela vai contrair muito os músculos da testa, revelando o sentimento e, com o tempo, esses músculos acabam ficando contraídos mesmo quando a pessoa não está sentindo preocupação. É o que vemos em certas pessoas que vivem com a testa franzida. No entanto, ainda que a pessoa não esteja preocupada naquele momento, é essa a informação que o cérebro vai receber, o que tornará a mente da pessoa agitada. Por isso, acredito que o shiatsu facial, além de tirar pequenas marcas de expressão e relaxar a musculatura do rosto, também promove uma limpeza emocional.

Assim, a partir dos conceitos da tradicional medicina oriental e da medicina moderna, verifica-se que o corpo tem a capacidade de se curar sozinho. E se isso não está acontecendo, é porque há algo bloqueando essa capacidade – desajuste corporal, estagnação energética e mente agitada. O Shiatsu Método Shira pode ajudar você a eliminar os bloqueios e fazer com que a fisiologia do corpo consiga agir para se curar sozinho, mas esse processo é complementar ao método que ensinarei aqui neste livro. Para você alcançar uma vida de serenidade e plenitude, o primeiro passo está em identificar quais são os seus perfis do estado de alerta. Vamos lá?

Capítulo 5

OS QUATRO PERFIS
DO ESTADO DE ALERTA

Acredito que quando se está preparado para algo, o mundo nos manda aquele desafio.

Quando aprendi a tratar ombros, minha agenda ficou cheia de pessoas com dores nos ombros. E quando pego os mesmos diagnósticos várias vezes, é provável que eu tenha a mesma disfunção. Por isso, quando comecei a estudar e tratar dores no corpo causadas pelos sintomas somato-emocionais em meus pacientes, a quantidade de pessoas que vinham a mim com dores relacionadas à ansiedade me chamou a atenção.

Será que estou ansioso? Pensei. Eu sabia que às vezes trabalhava demais (passei oito anos sem folgar um fim de semana), deixava sempre o lazer em segundo plano, e minha primeira viagem com minha esposa foi depois de sete anos de namoro. Ficava irritado a ponto de, se alguém fechasse meu carro no trânsito eu ia atrás, fechava o carro e descia, sem saber se ia apanhar, bater ou morrer. Ficava extremamente irritado com coisas bobas, como a demora do meu pedido em um restaurante. Brigava com minha família porque eles não faziam o que eu dizia e vivia sempre muito apreensivo com o futuro. *O que será de mim? Será que vou ter futuro na minha profissão? Será que vou ganhar bem? Vou conseguir sustentar uma família?* E sempre queria ajudar os outros, ser o salvador, mesmo que às vezes eu me prejudicasse com isso.

Então percebi que estava ansioso, em estado de alerta constante! Tinha dificuldades para dormir, meus projetos estavam estagnados e por isso me sentia desvalorizado. Estudava muito, mas não aplicava o que aprendia. E, durante os atendimentos, eu compreendia muito bem cada relato das pessoas sobre seus medos, apreensões e dilemas que causavam a ansiedade, porque sentia a mesma coisa. Eu precisava resolver o que acontecia comigo, pois sabia que não poderia tratar daquelas pessoas se sofria do mesmo problema e não fazia nada por mim.

Também me chamava a atenção o fato de, assim como eu, meus pacientes não acharem que estavam ansiosos, mesmo o corpo deles dizendo o contrário. Foi então que comecei a observar melhor aquelas pessoas que eu vinha tratando e identifiquei nelas quatro perfis do estado de alerta: o perfeccionista, o controlador, o desvalorizado e o profeta. Saber identificar qual perfil é o seu é fundamental para conseguir alcançar uma vida em que a ansiedade e as dores não controlam você. A seguir, falarei deles e de suas principais características.

O PERFECCIONISTA

Quando pergunto para alguns de meus pacientes que estão em estado de alerta como se sentem, como se definem, ouço como resposta que eles gostam de tudo perfeito, se cobram muito e acham que seu problema é nunca estarem satisfeitos.

> POR QUE ESSAS PESSOAS SE COBRAM TANTO?
> PELA MINHA PRÓPRIA EXPERIÊNCIA,
> ACREDITO QUE NÃO SE TRATA DE COBRANÇAS
> PARA NÓS MESMOS. NA VERDADE, O QUE
> QUE QUEREMOS, E PRECISAMOS, É TER O
> RECONHECIMENTO DOS OUTROS.

Vou dar um exemplo meu. Sou descendente de japoneses e, como um traço cultural, sempre somos muito cobrados na infância em relação aos estudos. Então, imagine eu com sete anos e tirando a nota A+ com estrelinha no meu dever de casa, que era a maior nota possível, não existia nota maior que essa!

Mostrei para minha mãe a minha nota e ela disse:

"Parabéns, meu filhinho, continue assim,
estou orgulhosa de você!".

Então mostrei a nota para meu pai, e ele falou:

"Não fez mais que sua obrigação!
Te dou casa, comida, luz, água e roupa lavada!".

O que é isso para uma criança pequena? Se com a nota máxima eu não conseguia ter o reconhecimento da pessoa que mais admirava, o que deveria fazer a mais para agradá-la?

Assim começa a cobrança no subconsciente da criança. A partir de momentos como esse, ela passa a sentir que precisa ser a melhor e a mais perfeita em tudo o que fizer, afinal, ela quer o reconhecimento daquela pessoa que ama. O problema é que essa busca por perfeição não é consciente: a criança não sabe por que está fazendo aquilo. Pior: a pessoa que ela ama também nem sabe o que a criança quer. Vira um ciclo sem fim! Há vários estudos sugerindo que o perfeccionismo se desenvolve pela natureza das relações parentais e consequentes interações.

O perfeccionismo está associado ao sofrimento psicológico na forma de ansiedade e estados depressivos. Assim, o perfeccionista é caracterizado por estabelecer padrões de desempenho excessivamente altos, buscar a perfeição e ter uma tendência a fazer avaliações excessivamente críticas.

O perfeccionista, além de ser crítico de si mesmo, é muito crítico com as outras pessoas, o que é vital para ele se sentir superior em relação aos outros.

Certa vez, durante a pandemia de covid-19, um paciente chegou ao meu consultório com muitas dores de cabeça e me disse:

"Dr. Shira, estou há mais de uma semana com uma dor de cabeça que não passa. Venho trabalhando muito e nessa pandemia não encontro com ninguém do escritório e não sei se estão gostando ou não do meu trabalho. Isso está me deixando maluco!".

Pedi que falasse mais um pouco, e ele me contou que havia entregado um relatório e não tinha recebido feedback algum. Perguntei-lhe, então, qual era o problema. E ele me respondeu:

"Quando encontrava com meu chefe no escritório, ele sempre me elogiava, e quando via os outros colaboradores, eu sabia que o meu trabalho se destacava." *"Você consegue ver o quanto está pensando apenas em si próprio?"*, perguntei-lhe. *"Você está em estado de alerta e machucando seu corpo porque está sendo perfeccionista, querendo mostrar aos os outros como se faz, e não por que você é competente!"*

Assim, mostrei ao meu paciente que o problema é que ele simplesmente não estava sendo admirado ou reconhecido da forma como gostaria. Com o distanciamento social, ele não tinha mais os elogios de antes do seu chefe nem conseguia mais se comparar com seus colegas. Fiz com que ele percebesse que, se ninguém havia reclamado, era porque o seu trabalho estava bom e porque ele continuava sendo competente.

Ser perfeccionista não é, em regra, negativo, ao contrário, pode ser muito positivo. Quando o perfeccionista se esforça para atingir padrões razoáveis e realistas, o resultado é um sentimento de autossatisfação e um aumento da autoestima. Por isso, o perfeccionismo tem seu lado bom, quando bem aplicado. A pessoa em geral é meticulosa e está sempre atenta aos detalhes, o que é extremamente positivo em diversas atividades. Por outro lado, são pessoas que nunca se satisfazem com o próprio desempenho, o que representa um enorme cansaço físico e mental.

Quando o perfeccionismo envolve uma preocupação excessiva em não cometer erros, autocrítica exagerada e um sentimento persistente de que os seus padrões e expectativas não estão sendo alcançados, o indivíduo pode desenvolver distorções cognitivas do mundo real, deixando-o em estado de alerta constante e sempre insatisfeito. Por isso, pessoas perfeccionistas são mais propensas a desenvolver depressão, ansiedade e até mesmo distúrbios alimentares.

Há profissões em que o perfeccionista fracassa, pois mesmo tendo habilidade e agilidade, ele não consegue se decidir com rapidez. Um bom exemplo é o daquele empreendedor que está querendo abrir um novo negócio, mas nunca acha que chegou a hora de tirar a ideia do papel: para ele, há sempre mais e mais o que fazer para que seu negócio seja perfeito. São casos em que a espontaneidade e flexibilidade para resolução dos problemas estão prejudicados.

É por isso que as pessoas perfeccionistas apresentam certa tendência a procrastinar mais do que outras, pois apenas se sentem confortáveis para começar algo novo quando estão certas de que poderão executar com perfeição aquilo a que se propõem. Não entendem que a perfeição não existe e que é preciso tempo para praticar e aperfeiçoar o que fazemos. Em muitos casos assim, a pessoa que tem perfeccionismo fica estagnada, não consegue avançar em seus projetos e até desiste deles.

É comum que pessoas perfeccionistas não comemorem suas boas realizações, boicotem suas férias e se isolem da sua família e dos seus amigos com a crença de que desapontará alguém ou que esperam delas nada mais do que a perfeição. E o medo de serem avaliadas negativamente ou de não serem boas o suficiente afeta drasticamente sua saúde física e mental.

Para controlar a ansiedade dos perfeccionistas, a primeira sugestão é aprender a relaxar o corpo, pois o relaxamento ajuda a acalmar a mente e reduzir a ansiedade. Deite-se de barriga para cima, com um travesseiro confortável sob a cabeça e um outro travesseiro grande debaixo da coxa. Separe as pernas na largura do quadril e os braços do lado do corpo com a palma da mão voltada para cima. Respire puxando o ar pelo nariz e soltando-o suavemente pela boca. Sinta que seu corpo vai relaxando e mantenha nessa posição por cinco minutos.

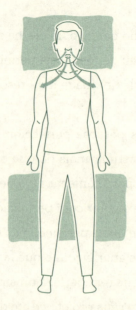

Ao longo do dia, aprenda a estabelecer limites realistas para si mesmo e para as suas tarefas, evitando a sobrecarga de trabalho. Lembre-se sempre de que o perfeccionismo pode levar a níveis elevados de estresse e ser prejudicial para sua saúde.

O CONTROLADOR

Esse é o perfil que quer proteger todo mundo debaixo de sua asa, como uma "mãe galinhona"! A pessoa controladora se torna ansiosa porque, embora tente, não consegue controlar tudo. Sente-se sobrecarregada porque acredita que nada dá certo sem ela, e acaba acumulando responsabilidades que não são suas. Tem medo do novo, pois em função de uma surpresa pode perder o controle que imagina ter. Ela também guarda um sentimento de onipotência, pois acredita que está sempre com a razão.

Sem senso de limites, o controlador facilmente pode interferir no livre-arbítrio do outro, algo que pode lhe causar muitos problemas em qualquer tipo de relação: profissional, familiar, amorosa etc. Há pessoas que não controlam a sua compulsão de controle a ponto de invadir a privacidade daqueles com quem convive e tomar decisões que não lhe competem.

Quando o controlador chega ao meu consultório, é porque já está sentindo muitas dores. Acontece assim porque ele entende que tem que ser forte e não pode sentir dor. Então, preciso explicar que as dores são causadas pela ansiedade. Quando lhe pergunto por que se sente ansioso, ele responde algo como: "porque o meu pai..., o meu filho..., o meu sogro..." O controlador quer resolver o problema dos outros, mesmo sem que os outros tenham lhe pedido ajuda. É sempre o problema dos pais, irmãos, sobrinhos, amigos...

Quando isso acontece, digo a esse paciente que entendi o problema dos outros, mas quero saber qual é o problema dele! Então, quando ele para e respira, descobre que não tem problemas, mas pensa tanto nos problemas dos outros que eles acabam virando seus, o seu subconsciente assume aquelas preocupações.

Acredito que o controlador nem sempre age dessa forma porque gosta de ajudar, mas sim para se sentir importante diante do outro, ter poder. Por isso ele vai sempre cair em uma armadilha. Sempre vai querer ser o salvador porque se sente importante fazendo isso. Vai assumir o problema e a solução dos outros, gastando muita energia. Mas ele não entende que só o dono do problema pode resolvê-lo. Podemos ajudar, mas o poder de resolução é do outro.

O controlador também é muito crítico, por sempre acreditar que está certo, e por isso as pessoas têm que fazer tudo do jeito dele. Acha que todos estão errados e, consequentemente, começa a tomar decisões pelos outros, podendo até mesmo maltratar as pessoas com suas atitudes. Por outro lado, pessoas controladoras também podem se sentir exploradas. No trabalho, normalmente são chefes centralizadores que acham que ninguém faz nada tão bem como eles, estão sempre irritados e não conseguem delegar porque não confiam em ninguém.

Com a família, a tendência é o cuidado exagerado. Querem controlar o que os irmãos e os filhos devem fazer. No entanto, não sabem que superproteção não é amor, é medo de que as coisas saiam do seu controle. O controlador também vai ter uma tendência de querer controlar os pais quando eles tiverem uma idade mais avançada, quase infantilizando-os.

Por isso, o controlador vive em estado de alerta, não consegue relaxar, fica pensando o dia inteiro nos problemas (dos outros) com medo de que algo saia do controle. E quando acontece algo inesperado, o seu corpo – que já está em estado de alerta sem precisar – somatiza, e ele começa a ter dores no corpo, arritmia, hipertensão, fibromialgia, entre outras doenças. Por isso o controlador tem dificuldades com novas experiências como uma mudança de emprego, um novo relacionamento e até mesmo ir a um restaurante diferente.

O controlador pode se machucar aumentando a ansiedade quando se depara com situações que não estão sob o seu controle. Por exemplo, uma pessoa que está planejando uma festa de aniversário para um amigo. Ela quer que tudo saia perfeito e se preocupa com os detalhes, com a decoração, a comida e as bebidas. No dia da festa, algo inesperado acontece, como um problema com a entrega do bolo, e a pessoa controladora fica extremamente ansiosa e estressada.

Se ela não conseguir controlar sua ansiedade, é possível que acabe se machucando de diversas maneiras. Pode sentir dor de cabeça ou dor no corpo devido ao estresse, pode ser rude com outras pessoas que estão ajudando a organizar a festa, tornar-se crítica consigo mesma e com os outros e arruinar a festa devido ao seu comportamento ansioso e controlador. Em casos extremos, uma pessoa controladora pode até sofrer de problemas de saúde mental, como depressão ou transtornos de ansiedade.

Uma vez atendi uma paciente com dores crônicas no corpo: pescoço, costas e lombar. De fato, ela tinha algumas lesões de coluna, mas nada que justificasse a dor constante que sentia. Quando começamos a conversar, ela me contou que aos 25 anos havia assumido o negócio da família porque os pais estavam com dificuldades financeiras. Passou o negócio para o nome dela para que a empresa tivesse crédito. Nada deu certo, ela acabou assumindo o problema da empresa e hoje tem uma dívida a pagar até completar 50 anos, se tudo correr bem, para quitar os processos trabalhistas da empresa da família. Com isso, quase 60% de seu salário está comprometido para pagar dívidas que não eram suas.

Perguntei então à minha paciente como ela pretendia ter realizações na vida se ela só se comprometia em resolver o problema dos outros. É uma carga muito pesada para se carregar, a pessoa nunca sai do estado de alerta, o corpo não suporta e vai adoecendo, se machucando. E ela acaba procrastinando as suas realizações porque não tem energia para elas.

O controlador precisa aprender uma outra forma de se sentir importante. Ele precisa aprender a não controlar e sim ensinar os outros a fazer e resolver os próprios problemas. É preciso compartilhar seus conhecimentos e eliminar a vontade de ser o salvador e se tornar o professor que ensina e deixa os outros resolverem o que precisam resolver.

Se você se reconhece como uma pessoa controladora, pratique esse relaxamento: deite-se de barriga para baixo, com as mãos na altura da testa, que estará apoiada na palma da mão, com as pernas relaxadas e abertas na largura do quadril, puxe o ar pelo nariz e solte-o pela boca. Mantenha a postura por pelo menos cinco minutos.

Além desse relaxamento, o controlador deve fazer exercícios de alto impacto, pois toda pessoa assim tem tendência a ter um corpo muito rígido. Por isso, sugiro praticar corrida, artes marciais ou natação para liberar a tensão acumulada causada pela ansiedade.

O controlador precisa também aprender a identificar seus pensamentos negativos. Na sua rotina, quando você sentir que está começando a se preocupar com detalhes ou eventos futuros, pergunte a si mesmo se esses pensamentos são realistas ou se são apenas preocupações infundadas.

O DESVALORIZADO

É aquela pessoa que vive com medo. Medo de ser despedido no trabalho, medo de não entregar o que pediram, medo de que não gostem do relatório que entregou, medo por não saber se era aquilo mesmo que lhe pediram. E esse medo o deixa em estado de alerta.

O desvalorizado se importa mais com a opinião dos outros do que com a própria, então sempre fará de tudo para agradar, a ponto de ficar estressado para não estressar o outro. Prefere ficar magoado só para agradar as pessoas, sejam conhecidas ou não. E está sempre pensando que estão falando dele.

Uma vez, fui à casa de uma amiga, e ela estava fazendo uma super faxina. Então lhe perguntei:

"Você vai dar uma festa?".

*"Não, amanhã vai vir aqui em casa a faxineira nova.
O que ela vai pensar de mim se achar tudo sujo?"*

"Vai pensar que tem trabalho pro resto da vida!", brinquei.

Medo do julgamento deixa a pessoa muito ansiosa, e sentir-se desvalorizada certamente tem uma relação significativa com a ansiedade. Quando alguém sente que não está sendo valorizado no trabalho ou em outras áreas da vida, começa a se sentir desmotivado e desanimado, o que vai levar ao desenvolvimento de sintomas de ansiedade e esgotamento.

É muito provável que pessoas que se sentem desvalorizadas tenham passado, na infância, por situações em que não confiaram nelas quando precisava que confiassem. E esse medo de que as pessoas não acreditem nela faz com que o corpo entre em estado de alerta, provocando doenças e impedimentos físicos para escapar das circunstâncias que teme. Quem não teve uma tremenda dor de barriga antes de enfrentar um grande desafio? Uma prova, uma entrevista de emprego ou um encontro com aquele amor desejado?

No trabalho, pessoas desvalorizadas ficam muito preocupadas em mostrar o que estão fazendo, especialmente quando têm um jeito antiquado de entender o que é trabalhar atualmente, que só levam em conta o tempo visível de trabalho. Ou seja, elas acham que não basta fazer, têm que mostrar que estão fazendo. Não importa o quanto a pessoa está sendo produtiva, a sua maior preocupação é que os outros saibam e vejam que ela está fazendo algo.

Pessoas desvalorizadas, quando trabalhando em sistema de home office, ficam a toda hora olhando mensagens e e-mails. Respondem imediatamente porque acham que se não o fizerem, vão pensar que estão "deitadas no sofá de férias"! Então, acabam não fazendo o que foi combinado na reunião porque ainda estão em reunião. A pessoa fica tão preocupada em estar fazendo reuniões que acaba não tendo tempo de fazer o que foi realmente proposto. E isso a faz trabalhar até mais tarde

A ansiedade pode ser desencadeada quando a pessoa sente que não está atendendo às expectativas de outras ou quando se preocupa em não ser boa o suficiente. Esse sentimento de pressão pode se acumular e causar sintomas como tensão muscular, problemas para dormir, aumento da frequência cardíaca, sudorese excessiva, entre outros.

O medo de ser julgado faz com que o desvalorizado tenha muita dificuldade de falar em público. Estudos epidemiológicos evidenciaram que esse tipo de medo apresenta uma alta prevalência na população geral. Mas diversas profissões exigem que o indivíduo, pelo menos em algumas oportunidades, faça apresentações para alguma audiência. Na verdade, o problema não é falar, e, sim, a preocupação com que os outros estão achando de sua fala.

O medo de falar em público, ou glossofobia (do grego *glossa* = língua + *fobos* = medo ou temor), vem sendo estudado em várias partes do mundo. Uma pesquisa realizada pela National Comorbidity Survey Replication demonstrou que entre 9,1% dos adultos estadunidenses de 18 anos ou mais esse tipo específico de fobia é a mais prevalente.[30] O jornal britânico *Sunday Times* realizou em 2015 uma pesquisa sobre o medo das pessoas de falar em público. Dos 3 mil entrevistados no Reino Unido, 41% responderam que o medo de falar em frente a pessoas é maior até mesmo que o de problemas financeiros, doenças e morte.[31]

No Brasil, um estudo realizado no Programa de Pós-graduação em Ciências Fonoaudiológicas da Universidade Federal de Minas Gerais (UFMG) com 1.124 estudantes universitários revelou que mais da metade dos estudantes universitários (59,7%) no Brasil manifestam medo de falar em público. O estudo também revelou três ou mais sintomas somáticos de ansiedade presentes nos entrevistados. Os mais frequentes foram a respiração ofegante (95,6%) e a taquicardia (64,7%).[32]

Veja, pelo fato de ficar em estado de alerta em função do que os outros vão achar, a pessoa boicota suas metas e seus sonhos simplesmente porque fica pensando o que estão achando dela. Trata-se de um medo irracional de ser visto, julgado de maneira negativa e de passar vergonha. A consequência de tudo isso pode ser muito ruim para a vida acadêmica e profissional.

---

[30] MEDO de falar em público atinge 59% dos universitários no Brasil. **AbcdoAbc**, 15 mar. 2022. Disponível em: https://www.abcdoabc.com.br/brasil-mundo/noticia/medo-falar-publico-atinge-59-universitarios-brasil-150469. Acesso em: 2 jun. 2023.

[31] MEDO de falar em público é maior do que da morte, diz estudo. **Mackenzie**. Disponível em: https://www.mackenzie.br/noticias/artigo/n/a/i/medo-de-falar-em-publico-e-maior-do-que-da-morte-diz-estudo. Acesso em: 3 jun. 2023.

[32] MEDO de falar em público atinge 59% dos universitários no Brasil. **AbcdoAbc**, *op. cit.*

Essas pessoas também criam um padrão de vida sobrecarregada. Estão sempre cheias de atividades, se comprometendo com um monte de coisas e não fazem nem a metade do que se propõem. Acham que, se não fosse pelo outro, elas seriam mais felizes, elas seriam mais legais. Ou seja, sempre colocam a culpa no outro pelas suas dificuldades.

Quando uma pessoa se sente desvalorizada, ela pode se esforçar para tentar provar seu valor, o que certamente levará a um estresse emocional e, eventualmente, ao burnout. Certa vez, atendi um paciente que relatou dores de cabeça todos os dias no final da tarde. Praticava exercícios, tinha uma vida saudável, mas um dia se sentiu mal no trabalho, foi ao hospital e constatou que estava com hipertensão arterial e arritmia cardíaca. Foi medicado e ficou em observação. Perguntei-lhe se havia acontecido algo, e ele me contou que havia chegado uma nova diretora no seu trabalho, e que ela estava fazendo demissões na equipe.

Diante disso, esse paciente sentiu-se ameaçado de perder o emprego. Começou a trabalhar até mais tarde todos os dias e não sabia o que a nova diretora achava do seu desempenho. Perguntei-lhe há quanto tempo ele se sentia daquela forma e ele respondeu que se sentia assim há dois anos. Realizei um shiatsu em meu paciente com a finalidade de equilibrar e relaxar o corpo e a mente e tirá-lo do estado de alerta. Com o tempo, as dores passaram, a pressão arterial e o batimento cardíaco voltaram ao normal e ele não precisou mais dos medicamentos que tomava antes.

É difícil imaginar que uma pessoa consiga trabalhar por dois anos com medo de ser despedido. O corpo entra em estado de alerta e não desarma. E quando ficamos presos a uma emoção imprópria, perdemos a clareza nas ideias, às vezes interpretando o que está acontecendo de maneira equivocada.

O importante é entender que quando sentimos necessidade do reconhecimento de outra pessoa para sermos felizes, jogamos toda a responsabilidade da nossa felicidade nas mãos do outro, o que é muito perigoso. É preciso aprender que temos que ter autonomia e total responsabilidade pelas nossas realizações e consequentemente pela nossa felicidade.

Caso você se sinta desvalorizado, pratique este relaxamento: deite-se de barriga para cima com um travesseiro confortável na cabeça e outro atrás das coxas, entrelace os dedos e apoie a mão atrás da nuca, deixe as pernas esticadas e relaxadas na largura do quadril e respire puxando o ar pelo nariz e soltando-o pela boca. Mantenha a postura por pelo menos cinco minutos.

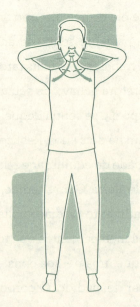

Um conselho que sempre dou para os "desvalorizaados" é: seja gentil consigo. Em vez de ser crítico com você mesmo, realce suas qualidades e o quanto você ajuda as pessoas que ama. Assim, vai reduzir o sentimento de desvalorização e melhorar a autoestima.

O PROFETA

Esse é o perfil que sempre quer adivinhar o futuro! Sofre por antecipação! Fica muito preocupado com um problema que não existe. "E se acontecer?", "e se não der certo?", "como será o futuro do meu filho?"

O profeta é a pessoa que não vive o presente, que se preocupa demais com o que vai acontecer e que pode sofrer de diversas formas com a ansiedade, já que ela é frequentemente desencadeada por sentimentos de preocupação e medo em relação ao futuro.

Às vezes, carregamos conosco fatos, mágoas, rancores e tristezas que não cabem – e pesam! – na nossa vida. O mecanismo dos pensamentos negativos é um processo psicológico que pode ocorrer quando uma pessoa se concentra em eventos ou situações negativas, em vez de se concentrar em aspectos positivos ou soluções. Esse processo leva a sentimentos de frustração, desamparo e desânimo e aumento da ansiedade.

Tais pensamentos podem ainda afetar a autoestima, a saúde mental e até mesmo a saúde física do profeta. Embora a conexão entre a mente e o corpo seja complexa e ainda não completamente compreendida, sabe-se que o estresse e as emoções negativas podem afetar o sistema imunológico e aumentar o risco de doenças. Por isso, precisamos aprender a deixá-los ir embora, limitando nossa resposta aos 90 segundos da primeira reação química do corpo ao acontecimento que nos incomodou.

Quando uma pessoa fica demasiadamente preocupada com um problema que não existe ou ainda não aconteceu, para o corpo, para o subconsciente, esse problema acaba sendo verdadeiro e está sendo enfrentado agora! Infelizmente o nosso cérebro tem esse pequeno defeito: não consegue separar o que é real do imaginário. Então, se você fixa na cabeça um problema que não existe, seu corpo reage como se ele fosse real. Seu corpo se prepara, se arma para lutar ou fugir, mas o problema existe mesmo? Vai fugir de quem? Vai lutar contra o quê?

Uma pessoa que está prestes a fazer uma apresentação importante no trabalho, por exemplo, pode começar a se preocupar com o que pode dar errado. Ela pensa que vai esquecer o que precisa dizer, que as pessoas vão julgá-la ou que sua apresentação vai ser um fracasso completo. Esses pensamentos vão levar a um aumento da ansiedade, que pode se manifestar em sintomas físicos como sudorese excessiva, tremores, aumento da frequência cardíaca, tensão muscular e outros.

Muitas vezes, a pessoa ficará tão preocupada com o que pode dar errado que não começa nada! E talvez esse seja o maior problema: ficar só pensando no que vai dar errado, e não fazer nada para mudar. Muitas pessoas ficam preocupadas em ficar doentes, mas não cuidam da saúde. Ficam preocupadas de no futuro não ter dinheiro, mas hoje torram o que ganham.

O profeta sempre acha que as coisas vão dar errado e que fez tudo errado! Por isso, quando se deita para dormir, começa um diálogo interno infernal. Pessoas ansiosas tendem a ter um diálogo interno intenso, muitas vezes negativo e crítico, que pode aumentar ainda mais a sua ansiedade. São pensamentos como: *eu não vou ser capaz de lidar com essa situação; isso é terrível; por que isso sempre acontece comigo?; eu deveria ter sido mais cuidadoso; não esquece que você tem uma reunião amanhã!; será que deixei tudo pronto para amanhã?; já é uma hora da manhã, se eu não dormir agora, vou me atrasar!; será que vão gostar do que eu fiz?*

Esses pensamentos lhe soam familiares?

O autor Eduardo Shinyashiki em seu livro *A vida é um milagre*[33] cita que com um pensamento consciente ou inconsciente modificamos nosso corpo. Se o pensamento é prazeroso, de alegria, harmonia, felicidade, o cérebro produz neurotransmissores que nos fazem sentir bem, alinhados com esse tipo de pensamento. Ao contrário, se temos pensamentos negativos, de desqualificação, insegurança, medo etc., o cérebro produz outras substâncias químicas que fazem o corpo sentir toda a carga negativa desses pensamentos.

É claro que ter pensamentos negativos de vez em quando é normal, ninguém está livre deles. Esse tipo de pensamento em

---

[33] SHINYASHIKI, E. **A vida é um milagre**. São Paulo: Editora Gente, 2010.

geral surge de maneira inesperada e nos pega desprevenidos. Mas muitas vezes eles ficam em nossa mente mais tempo do que recomendado e, pior, sempre voltam. Quando percebemos, eles tomaram conta dos nossos dias.

Aí vem o desânimo, a descrença, a falta de esperança e a crença de que tudo vai dar errado. E fica até difícil sentir alegria quando algo de bom acontece, pois a nossa mente parece estar fixada no lado ruim de toda situação. Temos até medo de iniciar novos projetos e nem os objetivos que conseguimos atingir nos animam.

Um problema do profeta é a tendência ao pessimismo, a tendência a ver a vida sob uma ótica negativa. No entanto, já se sabe que a visão que temos do mundo pode afetar a nossa saúde mental. Muitos psicólogos encaram o pessimismo como um mecanismo de defesa, quando a pessoa, após passar por experiências sofridas, passa a acreditar que essas experiências vão se repetir em suas vidas. Pensando dessa forma, a pessoa opta por viver esperando sempre o pior, acreditando que assim estará preparada para o que o futuro lhe reserva.

NEM MESMO OS BONS ACONTECIMENTOS CONSEGUEM MUDAR A CRENÇA DOS PESSIMISTAS, POIS, PARA ELES, A REALIDADE É UMA AMEAÇA, E O QUE ACONTECEU DE POSITIVO É NADA MAIS DO QUE UMA EXCEÇÃO. JÁ ESTÃO MOLDADAS NO NEGATIVISMO E ACOSTUMADAS COM ESSE PENSAMENTO.

Deixe-me contar uma experiência pessoal que tive com a ansiedade. Quando meu filho tinha cerca de seis meses, eu acordei no meio da noite e simplesmente não conseguia mais dormir. Fiquei andando pela casa, preocupado e ansioso. Olhava para o berço e pensava: *o que eu fiz? E agora? Como será daqui para frente? Será que serei capaz de proporcionar conforto para meu filho, educá-lo e dar segurança?* Percebi que estava em um estado de alerta, completamente ansioso.

Então, decidi parar e respirei profundamente. Foi aí que eu me encontrei no presente e observei que meu filho estava dormindo tranquilamente, saudável e seguro. Entendi que estava preocupado com problemas que não existiam. Quando me dei conta do presente, constatei que tudo estava bem.

Essa experiência me ensinou a importância de estar presente e consciente no agora. A ansiedade nos deixa preocupados com o futuro e nos faz criar problemas que ainda não existem. Aprendi que, ao estar presente e consciente, podemos controlar nossos pensamentos e emoções e reduzir a ansiedade.

Por isso, eu criei um mantra para poder dormir tranquilo todas as noites, e eu o ensinarei a você agora. Todos os dias, antes de dormir, eu pergunto para mim mesmo: "Hoje dei cem por cento de mim no meu trabalho? Dei. Hoje dei cem por cento de mim para minha família? Dei. Hoje dei cem por cento para mim mesmo? Dei. Então, foda-se o mundo! Deita e dorme!".

Dessa forma, dando esse comando para mim mesmo, eu entendo que não preciso me preocupar, porque sei que foquei as minhas atitudes no hoje e que no futuro minhas metas serão alcançadas, pois estou trabalhando para isso. E você, o que acha de criar seu próprio mantra?

_____

_____

_____

_____

_____

É preciso lembrar que o presente é o único momento real e que o futuro é apenas uma projeção da nossa mente. Por isso, tente não se preocupar com problemas que ainda não existem e concentre-se no agora. A ansiedade pode ser controlada e superada com práticas regulares de atenção plena, exercícios físicos, terapia e técnicas de alongamento.

Aconselho sempre aos meus pacientes profetas um escalda pés, que causa uma sensação de relaxamento levando o corpo do estado simpático (alerta) para o parassimpático (regeneração). Junto com o exercício respiratório, um escalda-pés ajuda o corpo e a mente entrar em relaxamento mais rápido, auxiliando a sua regeneração.

Pegue um recipiente em que caibam seus dois pés ao mesmo tempo. Coloque água quente o suficiente para cobri-los. Sente em uma cadeira e coloque os pés na água. Comece a respirar puxando levemente o ar por quatro segundos e soltando-o devagar por seis segundos. Mantenha-se assim por dez minutos.

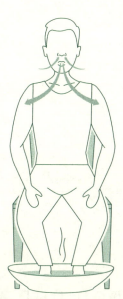

Agora, conhecendo esses quatro perfis, você deve estar pensando: *sou eu um dos quatro perfis? Ou todos? O que eu faço agora?* Mas não se preocupe: essa sensação é normal, já que em algum momento da vida nós passamos e passaremos a apresentar características de cada um desses perfis. Em algum momento um vai aflorar mais que o outro. O que precisamos é aprender a controlá-los para não sofrer com a ansiedade.

O mais importante é saber qual desses perfis representa você no momento presente e descobrir como controlar a sua ansiedade. E para você conseguir conquistar a plenitude de não viver sempre ansioso, existe uma técnica que desenvolvi a partir da minha experiência, a que dei o nome de A Serenidade do Samurai. São cinco passos que o ajudarão a controlar suas atitudes, seus pensamentos e, por consequência, ter maior controle sobre sua vida, vivendo com mais clareza e sendo mais assertivo e realizado nas suas ações.

Capítulo 6

POR QUE A SERENIDADE DO SAMURAI?

Pode parecer estranho associar a um método de controle da ansiedade a figura de um guerreiro, um samurai. Mas basta conhecer a história desses homens para entender o quanto eles precisavam de calma e serenidade para levarem a vida. Por isso, antes de iniciar o caminho para chegar ao controle de sua ansiedade, vamos conhecer melhor a vida dos samurais, surgidos na época do Japão feudal, e como o seu importante legado chegou até os nossos dias.

QUEM SÃO OS SAMURAIS?

Os samurais surgiram na história japonesa como homens de guarda pessoal da aristocracia imperial do país que, entre outras obrigações, eram responsáveis pela cobrança de impostos. Mas foi como grandes guerreiros que eles se tornaram poderosos e famosos em todo o mundo.

Esses homens eram muito respeitados não apenas por sua força e coragem, mas também por sua maneira de viver e se comportar. Eles eram guiados por um firme código de conduta, baseado nos preceitos do budismo, xintoísmo e confucionismo, chamado *bushido*, que significa "o caminho do guerreiro" (*bushi* = guerreiro e *do* = caminho).[34]

São sete as virtudes essenciais para os samurais, de acordo com o *bushido*: justiça, coragem, benevolência, educação, sinceridade, honra e lealdade. Assim, o verdadeiro samurai nunca poderia usar a sua força e habilidades para benefício próprio e deveria sempre manter claro o seu senso de equilíbrio para não pecar pela escassez nem pelo excesso. Deveria também ser benevolente com os mais velhos, as mulheres e as crianças. Um homem forte, segundo o *bushido*, era aquele capaz de dominar a si mesmo e ter força interior para que pudesse ser gentil e benevolente.

É comum associar a imagem de um samurai com a de um guerreiro forte e bruto, com suas espadas e imponentes

---

[34] BUXIDO. *In*: Wikipedia. Disponível em: https://pt.wikipedia.org/wiki/Buxido. Acesso em: 13 jun. 2023.

roupas de guerra, mas a educação era outro valor importante do código de conduta que eles seguiam. Os samurais não apenas aprendiam artes marciais e estratégias de guerra, mas também artes, religião, história e filosofia. Já a coragem era imprescindível para eles. Era a postura corajosa e destemida desses guerreiros que incutia neles a crença de que eram invencíveis e estavam prontos para quaisquer desafios, mesmo aqueles que colocassem suas vidas em risco.

Mas nada tinha mais valor para os samurais do que a sua honra e talvez seja essa a sua marca mais forte. Ao sentir-se desonrado, o samurai praticava o *seppuku*, ou *haraquiri*, uma forma dolorosa de suicídio tradicional do Japão feudal. Com isso, acreditavam que sua honra estaria recuperada. Para os samurais era preferível a morte a viver sem sua honra.

A sinceridade e a honestidade também eram valiosíssimas dentro do código dos samurais, e sua palavra deveria ser sempre verdadeira, ainda que tal verdade pudesse prejudicá-los. E finalmente, a lealdade. Os samurais eram homens acima de tudo fiéis a seus governantes e aos próprios princípios.

Esse código, cujos valores resistem até os nossos dias, nos mostra a importância dos valores claros e das crenças de vida que nos revelam um caminho. Apesar das dificuldades que tinham, entre elas a constante ameaça da morte, os samurais cultivavam virtudes, e com elas conquistavam a serenidade necessária para viver e contribuir para um mundo melhor.

Além das batalhas, e até mesmo para estarem sempre prontos para a guerra, os samurais cultivavam um estado mental de serenidade. Miyamoto Musashi, nascido em 1584 e considerado o mais importante dos samurais de sua época, escreveu o clássico *O livro dos cinco anéis*,[35] em que afirma: "tanto ao lutar quanto na vida cotidiana, você deve ser determinado, ainda que calmo. Vá de encontro à situação sem tensão, mas também sem desleixo, com o espírito estável, mas sem prejulgamentos".

São muitos, aliás, os ensinamentos deixados pelos samurais para se ter uma vida plena e serena. Suzuki Shosan, importante samurai que, aos 42 anos, renunciou à vida de guerreiro e tornou-se um monge zen-budista, escreveu em um de seus livros:

> *Quando você consegue dominar a própria mente, você domina as múltiplas preocupações, se eleva acima de todas as coisas, e se liberta. Quando você é dominado pela própria mente, sobre você recai o fardo de múltiplas preocupações, e você se torna subalterno das muitas coisas, incapaz de se elevar. Cuide de sua mente; a resguarde sem hesitação. Uma vez que é a mente que confunde a mente, não deixe que ela ceda a si própria.*

Entendeu agora? Quanto mais difícil os obstáculos que surgem em nossa vida, de mais serenidade precisamos para enfrentá-los e, portanto, mais precisamos controlar a nossa ansiedade.

---

[35] MUSASHI, M. **O livro dos cinco anéis**. São Paulo: Novo Século, 2017.

> "A sinceridade e a honestidade também eram valiosíssimas dentro do código dos samurais e sua palavra deveria ser **sempre verdadeira**, ainda que tal verdade pudesse prejudicá-los."

É importante, também, saber que existe uma conexão histórica entre a terapia e a cultura samurai. Durante o período Edo no Japão, que aconteceu entre 1603 e 1868, os samurais costumavam praticar uma forma de massagem japonesa conhecida como *anma*, que é uma das técnicas que influenciaram o desenvolvimento do shiatsu. Os samurais a usavam para manter sua saúde e condicionamento físico e ajudar a aliviar a dor e a tensão muscular após os combates.

Embora o *anma* tenha evoluído para outras formas de terapia manual, a ideia de usar a massagem como forma de tratar lesões e melhorar a recuperação ainda é uma prática comum hoje em dia. O shiatsu, por exemplo, é frequentemente usado por atletas e praticantes de artes marciais como tratamento para lesões e alívio da dor muscular.

A SERENIDADE DO SAMURAI

Agora que você já entendeu a conexão entre o shiatsu e os samurais, deve estar se perguntando como eu sei que o método A Serenidade do Samurai é eficaz. É porque ele funcionou comigo! Por causa da minha ansiedade, eu não tinha foco, me sentia frustrado e incapaz, então fazia muitas coisas ao mesmo tempo e não realizava nada. Consequentemente, não tinha como meus projetos darem certo. Vou contar como aconteceu, desde o princípio.

Houve um tempo, antes de eu me dedicar unicamente ao shiatsu e às terapias holísticas, em que minha vida não tinha um objetivo claro: eu fazia diversas coisas, mas não focava nada. Eu tinha 20 anos e acabara de voltar do Japão, onde havia passado seis anos, apesar de ter ido para ficar apenas seis meses. Abri uma empresa de motoboys, comecei a fazer faculdade de Direito e ingressei como vocalista num grupo de samba formado só por japoneses. Em pouco tempo, o grupo começou a dar certo e eu decidi largar a faculdade. Logo após tive que fechar a minha empresa e me dediquei apenas à música, mas a banda também acabou e eu me vi sem dinheiro para pagar as minhas contas.

Eu já conhecia bem o shiatsu por conta de meu pai, e um amigo meu, shiatsuterapeuta, vendo a minha dificuldade e sabendo que eu tinha jeito para a técnica, me aconselhou a fazer um curso de shiatsu para me aprimorar. Fui fazer o curso com o shiatsuterapeuta Claudio Wauke, que gostou de mim e acabou me convidando para trabalhar com ele.

Eu logo gostei de ser um shiatsuterapeuta e tive a oportunidade de trabalhar por muitos anos com a Luiza Sato, uma referência da área no Brasil, mas sentia que estava faltando algo, o que me levou a fazer a faculdade de Fisioterapia. Formado, eu ainda continuava sentindo falta de algo mais e então fui aprender RPG e pilates e, depois, fiz uma pós-graduação de quatro anos em Osteopatia, um meio de diagnóstico, tratamento e cura que se utiliza de recursos manuais para interferir na estrutura e função do organismo a partir de conhecimentos de anatomia e fisiologia.

Após adquirir tanto conhecimento e me dedicar tanto à minha formação, percebi que já dominava muito bem a estrutura do corpo humano, mas eu ainda não estava satisfeito, sentia que algo ainda me faltava. Apesar de ter um bom conhecimento, percebi que estava faltando entender de gente. Foi quando notei que eu não tratava o ombro, a lombar ou o pescoço dos meus pacientes, eu os tratava como um todo.

Foi quando conheci o dr. Roberto Shinyashiki, médico psiquiatra, autor de vários *best-sellers* como *O sucesso é ser feliz*.[36] Brinco que ele me adotou, e hoje é meu mentor na questão do desenvolvimento humano. Junto a seu irmão, Eduardo Shinyashiki, ele me ensinou a ler e interpretar as pessoas para poder ajudá-las cada vez mais. Foi quando resolvi estudar mais a fisiologia do cérebro, fazendo uma pós-graduação em neurociência cognitiva e processos psicológicos, o que também me ajudou a elucidar ainda mais a relação entre o corpo e a mente.

Olhando para trás, para o início da minha vida profissional, sinto que tudo começou a dar certo quando comecei a me dedicar seriamente ao shiatsu. Foi ali que eu consegui controlar a minha ansiedade e sair de uma vida sem foco, na qual eu me dedicava a várias coisas ao mesmo tempo, e ingressei em uma fase em que tive um propósito claro, que era cuidar das pessoas. Foi cuidando de minha ansiedade que consegui respeitar o que eu penso e o que eu sou.

É claro que nem sempre foi fácil e, ao longo do meu percurso, eu me vi em vários perfis ansiosos. Em alguns momentos, fui o perfeccionista; em outros fui o controlador, a "mãe galinhona"

---

[36] SHINYASHIKI, R. **O sucesso é ser feliz**. São Paulo: Editora Gente, 2012.

que queria ajudar todo mundo, mas não ajudava a si próprio. Também me senti desvalorizado quando estava em começo de carreira e achava que não sabia o bastante para atender os pacientes, e fui o profeta quando abri meu consultório e tinha medo de não conseguir pagar as minhas contas.

Foi por ter vivenciado tudo isso, e acumulado experiências diversas com os meus pacientes ao longo dos últimos anos, que criei o método A Serenidade do Samurai para controlar a minha ansiedade e ter calma suficiente para dar continuidade aos meus projetos e colher os frutos das minhas realizações. E agora quero dividir esse método, que inclui a prática do shiatsu, com o maior número de pessoas. São apenas cinco passos que o auxiliarão a sair do estado de alerta e entrar em um estado de felicidade plena.

Então, vamos começar!

Capítulo 7

ESCOLHA A
SUA LUTA!

Já sabemos que a ansiedade não é totalmente ruim. Podemos estar ansiosos para fazer coisas boas, para sermos pessoas melhores! O que não podemos é ficar em um estado de aflição contínua. E isso só acontece quando se está fazendo muitas coisas ao mesmo tempo. Por isso é importante escolher a sua luta, determinar o seu objetivo. Fazendo assim, toda a sua energia será guiada para apenas uma direção. Quando temos uma meta, a gente se prepara, estuda, se compromete e confia no que faz! Quando focamos no que queremos, fazemos de tudo para dar certo.

Muita gente diz que não tem meta. Eu costumo dizer que quando a pessoa tem dificuldade de definir sua meta, ela está pensando na questão errada. Ela está pensando em que trabalho vai ganhar dinheiro, mas meta não é dinheiro, meta é posicionamento de vida. É algo muto ligado ao conceito de *ikigai*, que em japonês significa a nossa razão de viver, aquilo que nos faz acordar todos os dias.

O maior exemplo de *ikigai* que conheço é Jiro Ono, considerado o maior *sushiman* do mundo, e que tem um pequeno restaurante dentro de uma estação de trens em Tóquio. Certa vez, perguntaram a ele como era ser o maior *sushiman* do mundo, o que ele havia feito para chegar àquele ponto. Jiro Ono respondeu que não sabia, mas que fazia aquilo há setenta anos, e todos os dias acordava pensando em como ele poderia melhorar a sua receita.

ISSO, PARA MIM, REPRESENTA O QUE É
TER E CONHECER A PRÓPRIA META,
SABER QUAL É A SUA LUTA, A SUA RAZÃO DE
VIVER, A SUA RAZÃO PARA ACORDAR TODO DIA.
MAS, POR NÃO TER UMA META, O ANSIOSO
GERALMENTE NÃO SABE QUAL É A SUA LUTA.
AÍ ELE FAZ A LUTA DO OUTRO.

Precisamos entender, ainda, que o sucesso está no alto da pirâmide, e o conhecimento é a sua base. É preciso estudar muito, se dedicar de verdade, mas não é o conhecimento que nos traz uma vida próspera. O que precisamos fazer com o conhecimento é ajudar as pessoas. Assim, nós obtemos valor e daí virá o resultado financeiro.

É ajudando as pessoas em suas necessidades que ganhamos o nosso dinheiro. É preciso entender que não basta ter conhecimento, esse conhecimento tem que ser colocado em prática em prol do outro. Mas, hoje em dia, a ânsia de ganhar dinheiro torna difícil para as pessoas descobrirem a sua meta de vida. Por isso, muitas delas se decepcionam com suas profissões: só pensam no lado financeiro, sem considerar o que querem realmente fazer, o que é de fato a sua razão de viver.

Tenho uma paciente que veio de uma família de advogados, sendo seu pai, inclusive, um juiz. Na hora de fazer a escolha da faculdade, ela, ainda muito jovem, não pensou duas vezes. Se toda a família havia abraçado o Direito, e todos eram muito bem-sucedidos, estava claro que o seu caminho era o mesmo.

Essa paciente acabou se formando, fazendo um concurso e foi trabalhar em um tribunal. Mas a triste realidade é que ela era profundamente infeliz no trabalho. Ansiava pelo fim de semana já na segunda-feira e detestava o que fazia. Ao reencontrar uma amiga de infância, essa mulher conheceu a arte da cerâmica e se apaixonou, mas não tinha coragem de largar o emprego estável, e isso lhe causava muitas dores de cabeça. Principalmente em função do que diria a sua família. Por se preocupar em demasiado com o julgamento dos outros, estava deixando de seguir os seus objetivos.

Após algumas conversas e algumas sessões de shiatsu, minha paciente entendeu que o que realmente queria era deixar o tribunal em que trabalhava e dedicar-se à arte. Fez isso e hoje está muito feliz, nunca mais as dores de cabeça a incomodaram.

Mas como encontrar o seu propósito?

Uma técnica ótima para escolher a sua luta e passar a focar no que realmente vai trazer o sentimento de realização na sua vida é escrever em uma folha de papel tudo que você faz no seu dia a dia e todos os problemas que está resolvendo. Depois, é preciso separar o que é seu e o que é dos outros.

E, sim, é muito importante fazer essa separação, pois é muito provável que você veja que a maioria dos problemas em que você pensa estar envolvido na verdade não é seu, é dos outros. Foque apenas os seus problemas.

Em seguida, pegue outra folha de papel e liste as suas metas do lado direito da página.

Estado desejado daqui a cinco anos

O estado desejado significa exatamente qual a sua meta, como você que estar, qual a sua realização desejada. Observe que você pode ter mais de uma meta. Você pode querer, dentro de cinco anos, comprar uma casa, ser promovido, viajar, abrir sua empresa, ter liberdade financeira, enfim, escreva como você quer se ver no futuro.

Lembre-se de que o seu cérebro precisa saber exatamente para onde quer ir. Se você não colocar seus desejos no papel, como um projeto, tudo fica muito abstrato. Você não conseguirá se organizar e, consequentemente, não realizará o que pretende.

Uma boa dica, que meu amigo me deu, é pensar em três categorias de meta: uma profissional, uma familiar e uma individual. Sim, é muito importante que você estabeleça também uma meta sua, do seu interesse apenas. Algo como perder peso, por exemplo!

Em seguida, do lado esquerdo da folha, escreva qual seu estado atual em relação aos seus desejos.

Estado atual

Saber o seu estado atual é tão importante quanto o estado desejado, porque precisamos saber como e onde começar. O grande erro que observo nas pessoas é que elas querem começar grande, não sabem que há um caminho até lá e, por isso, tendem à frustração e ao fracasso. É preciso começar pequeno, do início.

Meu mentor Roberto Shinyashiki sempre me diz: "O difícil não é ir do um ao cem e sim do zero ao um! Por isso, quanto mais clareza você tiver sobre seu estado atual, mais fácil será a sua tomada de decisão".

A partir dessas duas listas – o seu estado atual e o seu estado desejado daqui a cinco anos –, vamos elaborar um plano de ação a partir do zero para alcançar o que você deseja:

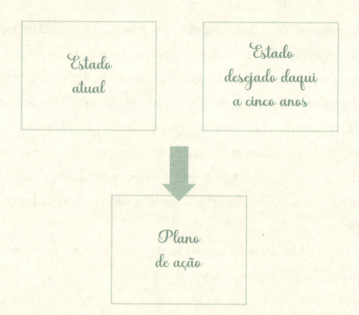

Agora vamos usar todo o nosso conhecimento para entender quais serão as ações, atitudes e comprometimento para realizar nosso estado desejado, que é o nosso objetivo. E aqui está o grande segredo do primeiro passo para controlar a ansiedade, pois agora todas as nossas energias estarão voltadas para cada objetivo, e não mais para o estado desejado como um todo.

Já sabemos para onde queremos ir! Agora é preciso chegar! Por isso o nosso foco não será em como você vai estar daqui a cinco anos, e sim no que está fazendo hoje, vivendo o presente para chegar ao seu estado desejado!

É importante que uma vez por mês você pare para avaliar se seus objetivos estão sendo cumpridos, colhendo as evidências para saber se está no caminho correto.

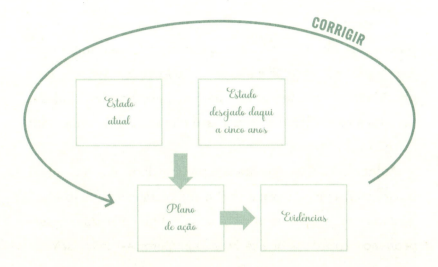

Se as evidências mostrarem que você está chegando ao seu estado desejado, continue o plano. Mas, se por acaso elas mostrarem que você está estagnado, ou que o seu plano está o levando em direção contrária ao que deseja, você deve corrigir o seu percurso e voltar o foco para a ação dos seus objetivos.

É claro que, dependendo das suas metas, você pode determinar prazos diferentes para cumpri-las. Quem quer emagrecer por motivos der saúde, por exemplo, não pode estabelecer um prazo de cinco anos para chegar ao peso desejado. Tudo precisa ser muito bem analisado, mas é só ao colocar os dados no papel que conseguimos ajustar bem nossos prazos e metas.

Sobre as evidências, é possível verificá-las todos os meses, de dois em dois meses, de seis em seis etc. Tudo depende de suas metas. Se um de seus objetivos é comprar um apartamento em cinco anos, é claro que o melhor é analisar as evidências de ano em ano.

É importante dizer, também, que os tropeços fazem parte do processo, por isso não tenha medo de errar. O mais importante é ser rápido na correção e não perder o foco. Essa tem que ser a prioridade da sua agenda. Isso definido, será possível ajudar as pessoas a seu redor, desde que isso não atrapalhe o seu plano de ação.

Agindo assim, você ficará sempre focado na sua luta e controlará a ansiedade porque verá a sua meta sendo realizada. É verdade que o primeiro passo é o mais difícil. Por isso comece pequeno e lembre-se que se você se preparar, estudar e se comprometer, tudo dará certo. E se no meio do caminho cometer erros, basta corrigi-los.

Quando tenho que apresentar um projeto em uma empresa, eu me preparo, estudo, me comprometo e confio no que estou fazendo! Então fico pronto para o projeto, para uma reunião, para falar em público. Quando você sabe o que vai apresentar, não precisa ficar aflito.

Você consegue entender que a partir do momento que sabe qual é a sua luta, você consegue resolvê-la? Então escolha sua luta! Veja pelo que realmente vale a pena lutar e dirija cem por cento de suas forças para isso. Assim você controlará melhor a sua ansiedade.

Lembre-se, também, de não ter pressa, pois esta, muitas vezes, é inimiga da perfeição.

No Japão, existe um termo para explicar a busca constante pela perfeição, tão conhecida nesta cultura. É um termo que muita gente acha que pode ser traduzido como "resiliência", mas eu acredito que não. O resiliente é aquele que aceita o que lhe acontece, simplesmente. Mas continua sendo o mesmo.

A palavra de que estou falando é *kodawari*, que significa insistência, mas não só isso. *Kodawari* também é dedicação, compromisso, paixão, mas sempre de modo suave, com apreciação dos detalhes e sem ficar preocupado em atingir alguma coisa.

É *o kodawari* que justifica o fato de que tudo no Japão é feito com maestria e busca da perfeição. Porque o objetivo não é chegar logo no resultado, mas dedicar tempo suficiente ao que se está fazendo, aprender com os erros, corrigir as falhas e aperfeiçoar a técnica.

A cerimônia do chá é o exemplo mais conhecido do *kodawari*. É um ritual que exige concentração, em que todos os processos são apreciados com leveza e a seu tempo. A intenção do ritual é a perfeição, mas a preocupação com ela não atrapalha a sua execução. No *kodawari* não existem atalhos, é preciso cumprir etapa por etapa com paciência, empenho e dedicação. É mais do que um conceito, é, na verdade, um estilo de vida que pode ser aplicado em tudo que fazemos.

Que tal adotar o *kodawari* em sua vida? Comece por aqui. Liste suas metas, saiba onde você quer chegar e dedique-se aos seus objetivos com paciência e atenção. Se algo sair errado, não desista. Reflita, corrija e retome a caminhada. Você verá como assim será muito mais fácil.

Capítulo 8

RESPEITE A SUA
VERDADE!

Este passo é, provavelmente, o que mais vai mexer no seu íntimo. Respeitar sua verdade é entender que você não precisa provar nada para ninguém! Afinal, qual é a sua verdade?

Muitas vezes seguimos tanto os outros que não paramos para pensar no que acreditamos. Mas se não respeitamos a nossa própria verdade, obrigatoriamente estaremos respeitando a verdade de outra pessoa. Simplificando, é quando alguém pergunta o que você quer comer e você responde "qualquer coisa está bom".

O medo de desagradar faz com que você não respeite os seus gostos e o que é importante para você.

A questão é que, para respeitar a sua verdade, é preciso ter muito claro dentro de você o que gosta e o que odeia, o que é certo e errado dentro da sua índole, moral ou religião, sem fazer mal ao próximo e respeitando a verdade dos outros.

Sempre brinco que sou a pessoa mais fácil para se lidar. Não uso amarelo porque penso que essa cor não combina comigo, não como berinjela porque o sabor não me agrada e não uso verde porque sou corintiano fanático. Então, se minha esposa me der com uma camisa amarela, já sei que ela está brava comigo. Se for almoçar na casa de alguém e servirem berinjela, sabendo que não como esse prato, eu não como. Alguém pode dizer: "você vai fazer desfeita e não vai comer a berinjela?" Mas desfeita fez quem cozinhou a berinjela para eu comer! E se alguém me der uma camiseta verde, a amizade vai ficar abalada.

Com isso, deixo claro qual é a minha verdade, me torno uma pessoa transparente. Assim não preciso ficar "pisando em ovos", não fico pensando se estou agradando ou não. Isso não quer dizer que eu sempre tenha razão, é apenas a minha verdade.

Como já disse, sou corintiano, mas a maior parte da minha família é palmeirense. Minha mãe é uma delas, e ela vai me dar mil motivos para torcer para o Palmeiras, mas eu também vou dar a ela os mesmos mil motivos para torcer para o meu time. Não tem certo ou errado. Tenho que entender que na questão do futebol temos verdades diferentes que precisam ser respeitadas. Quando entramos em uma discussão ou briga é porque não temos a nossa verdade definida para nós mesmos, então precisamos provar que estamos certos.

Uma vez, conversando com uma amiga, ela me disse que tinha acabado de discutir com a irmã porque não concordava com a sua escolha de faculdade. As duas entraram em uma briga que não levou a lugar nenhum, serviu apenas para deixar as duas magoadas. Então eu lhe perguntei:

"Por que você não respeitou a própria verdade?".
"Como assim?"
"Quando sei qual é minha verdade, não preciso provar para os outros que a minha é a correta. Então, presto atenção para saber qual a verdade da pessoa com quem estou conversando. A minha eu sei! Preciso saber a dela. Porque senão vou ficar discutindo não para resolver um problema e ser feliz, e sim para saber quem tem razão."

Não adianta ficar em estado de alerta quando se tem opiniões diferentes, isso não vai levar a nenhum lugar. Após ouvir o problema de uma pessoa que tem opinião diferente da minha, se ela me permitir – e sempre peço permissão –, digo o que penso, mas sem gastar energia tentando convencer o outro de que estou certo, porque é apenas a minha verdade. Se a pessoa vai aproveitar dez por cento do que eu disse, cem por cento ou nada, já não é meu problema. Nunca posso esquecer que só o dono do problema é que pode resolvê-lo.

Antes de entender que essa é a melhor forma de agir, eu brigava muito com meus irmãos, porque achava que eles estavam fazendo algo do jeito errado e tentava convencê-los disso. E ficava em estado de alerta, sem saber que o errado era eu! Eu não respeitava a verdade deles. E a maioria das brigas de família acontece por causa disso.

Muitas pessoas evitam agir dessa maneira porque temem que os outros se afastem delas. Mas a verdade é que isso não acontece. Pelo contrário, ninguém gosta daquela pessoa falsa, que não sabe o que quer, fica sempre em cima do muro. Também não gostam daquelas pessoas que querem impor a verdade delas e não respeitam a opinião, os gostos e as morais dos outros.

> **AS PESSOAS VÃO VER A SUA VERDADE E PENSARÃO:** *COMO A ENERGIA DELE É BOA, ME FAZ BEM! QUERO FICAR MAIS TEMPO COM ELE!* **SE A SUA ENERGIA FOR BOA, TODOS VÃO SENTIR E VÃO QUERER CONTINUAR SENTINDO.**

Assim você ficará perto de pessoas que estão com você simplesmente porque gostam de ficar com você, sem que precise gastar energia precisando agradar ou provar algo para alguém. Viverá uma vida mais leve, controlando a ansiedade de uma forma mais fácil.

Quais são as dez verdades das quais não abre mão? Liste-as abaixo!

1.
2.
3.
4.
5.
6.
7.
8.
9.
10.

Capítulo 9

SEJA O SEU
NÚCLEO!

No nosso dia a dia, temos o costume de nos abandonar. Descuidamos da nossa saúde porque pensamos que somos imortais, e só decidimos nos cuidar depois que surge alguma dor ou ficamos doentes. Isso acontece porque esquecemos de ser nosso próprio núcleo. Ajudamos os outros, mas não ajudamos a nós mesmos.

Eu faço parte do núcleo dos meus pais, mas tenho o meu próprio. Meu núcleo, hoje, é meu filho e minha esposa, pois foi com ela que decidi dividir esta jornada da vida. Mas dentro dele, quem vem em primeiro lugar?

Em primeiro lugar, venho eu. Em segundo lugar, eu. Em terceiro lugar, eu. Em quarto lugar vem o meu filho e em quinto a minha esposa. É nessa ordem! E antes que você pense *que japonês egoísta!*, eu te pergunto: se eu ficar doente, consigo cuidar de quem eu amo? E se eu ficar ansioso? E se eu viver com dor, eu posso cuidar das pessoas que eu amo? A resposta é *não*!

Entenda que essa, na verdade, é uma atitude altruísta, generosa. Eu devo cuidar mais de mim para ter energia para cuidar dos outros quando eles precisarem. Se meu filho me chamar para brincar, e eu negar por estar cansado, tenho que entender que estou doente. Por isso, se quero ajudar os outros tenho que me colocar em primeiro lugar! Se negligenciarmos nossa saúde e bem-estar, não seremos capazes de cuidar das pessoas que amamos, pois estaremos física e emocionalmente exaustos.

Viver sem cuidar de si próprio pode levar a um ciclo de estresse e exaustão, o que certamente vai afetar nosso desempenho no trabalho e em outras áreas da vida. Além disso, se não nos cuidarmos, vamos enfrentar problemas de saúde mais graves, e até mesmo dolorosos, que podem exigir tratamento prolongado e afetar nossa qualidade de vida a longo prazo. Portanto, é importante aprendermos a ser nosso próprio núcleo e cuidar de nós mesmos para evitar consequências negativas.

Tive um paciente que começou a se tratar, e o seu caso precisava de cinco sessões. Na segunda ele melhorou e não voltou mais. Três meses depois a dor voltou a incomodá-lo e ele veio me procurar novamente. Então foi preciso começar tudo outra vez, desde o início do processo.

Quando uma pessoa deixa de fazer a sua sessão de shiatsu porque está muito ocupada no trabalho, ou com questões pessoais, isso me mostra o quanto ela se abandona. As pessoas precisam entender que seu corpo e sua mente são as suas principais ferramentas de trabalho! E infelizmente não temos um botão *reset* para reiniciar tudo e desaparecer com os nossos problemas. Por isso, é muito importante estar atento a si próprio e cuidar de nossas partes física, mental e espiritual.

Por isso, defina na sua agenda o seu horário para cuidar de si mesmo. Lembre-se de que nos tempos atuais, quando ficamos muito tempo sentados, o corpo tende a ficar cada vez mais fraco e tenso, o que causa dores. Corpo é movimento, e um dos princípios de uma vida saudável é se movimentar.

É preciso fazer atividade física para fortalecer o corpo, estimular a circulação sanguínea para regenerá-lo e produzir mais dopamina, endorfina e serotonina, que são os principais neurotransmissores para controlar a ansiedade. Por isso, faça atividade física todos os dias. Uma simples caminhada de trinta minutos com passos acelerados pode mudar sua vida.

Além disso, devemos cuidar da nossa alimentação, que é a nossa maior fonte de energia, evitando alimentos processados e ricos em açúcares e sódio. Se me alimento mal, minha energia não será equilibrada. Uma boa alimentação é essencial para manter a saúde do corpo e da mente. Também é importante beber muita água para manter o corpo sempre hidratado e saudável.

Em geral, o que os profissionais da área de nutrição recomendam é uma dieta balanceada que inclua nutrientes importantes para a saúde mental, como ômega-3, vitaminas do complexo B, magnésio e triptofano. Será preciso ainda eliminar alimentos que podem estar causando inflamação ou desequilíbrio no corpo.

É verdade que, num país multicultural como o Brasil, muitas vezes fica difícil definir qual é a melhor dieta. Mas uma amiga nutróloga certa vez me deu uma super dica: descasque mais e desembale menos! Se você segue essa dica, é muito provável que sua dieta esteja em ordem.

Por fim, ter fé em algo ou alguém pode ajudar a manter o equilíbrio emocional e espiritual. A fé pode nos ajudar a encontrar significado e propósito na vida, além de nos conectar com outras pessoas e com algo maior que nós mesmos. Se você tem uma religião, frequente, faça a sua oração para acalmar o coração. Se não segue uma religião, tenha fé nas pessoas que você ama. Afinal de contas, religião é se conectar com as pessoas.

A partir do momento em que você se torna o seu núcleo e começa a se priorizar, terá saúde e energia para cuidar das pessoas que ama, da sua família. A dica é cuidar mais de você para cuidar dos outros, assim você manterá sua autoestima elevada. Para mim, autoestima não é ter o carro do ano, um apartamento chique, bolsa, sapato, um corpo bonito. É o quanto eu consigo ajudar as pessoas a viver melhor, o quanto faço diferença para elas!

Seu filho, seus pais, seus amigos precisam de você saudável e equilibrado. Por isso, coloque-se em primeiro lugar e aprenda a cuidar mais de si.

"

As pessoas precisam entender que seu corpo e sua mente são as suas **principais ferramentas de trabalho!**

"

Capítulo 10

CONTROLE O SEU
CORPO

Um dos principais conceitos da medicina oriental diz que para controlar a mente, é preciso aprender a controlar o corpo. Não é possível controlar a ansiedade e ter saúde emocional se não temos saúde corporal.

Por isso, vamos entender de que forma o shiatsu pode ajudar a cuidar do seu corpo para que você tenha mais energia para viver e controlar a ansiedade com mais facilidade. São automassagens que recomendo aos meus pacientes para ajudá-los a reconectar mente e corpo, permitindo cultivar um estado de calma, foco e clareza mental. O controle consciente do corpo ajuda a reduzir o estresse, a ansiedade e a tensão emocional, promovendo um equilíbrio mais saudável e uma maior resiliência emocional.

> NÃO É FÁCIL CONTROLAR O CORPO DE MANEIRA A CONTROLAR A MENTE PORQUE NÓS ABANDONAMOS O NOSSO CORPO, SIMPLESMENTE ESQUECENDO-NOS DE QUE ELE É A NOSSA PRINCIPAL FERRAMENTA DE TRABALHO. COMO ESTAMOS ACOSTUMADOS A ENTENDER QUE UM É DIFERENTE DO OUTRO, ESQUECEMOS QUE ELES SE CONTROLAM E SE INFLUENCIAM. O CORPO É REGIDO PELA MENTE, DA MESMA FORMA QUE EU CONSIGO CONTROLAR A MINHA MENTE POR MEIO DO MEU CORPO.

Assim, o controle corporal pode contribuir para a regulação emocional, uma vez que as emoções têm uma manifestação física. Vamos conhecer agora algumas automassagens que podem contribuir para a diminuição a ansiedade:

1. Autoshiatsu para acalmar a mente

Existe um ponto localizado entre as sobrancelhas, na região conhecida como terceiro olho. Esse ponto é frequentemente usado para acalmar a mente, aliviar o estresse e reduzir a ansiedade. Pressionar suavemente esse ponto com o dedo indicador pode ajudar a promover o relaxamento e a clareza mental. Faça movimentos circulares e, junto, respire puxando o ar pelo nariz suavemente por quatro segundos e solte o ar pela boca suavemente por seis. Mantenha-se assim por dois minutos.

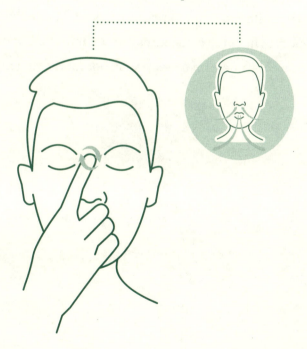

2. Autoshiatsu para palpitação e falta de ar causada pela ansiedade

Pessoas ansiosas podem sofrer crises de taquicardia e falta de ar. Depois de passar em um médico e constatar que coração e pulmão estão bem, faça essa automassagem para aliviar essa angústia. Deitado de barriga para cima, com o dedo indicador, médio e anelar juntos na vertical, pressione levemente no meio do peito e faça movimentos circulares, não se esquecendo de praticar a respiração suave, puxando o ar pelo nariz por quatro segundos e soltando o ar pela boca por seis. Mantenha a posição e seus movimentos constantes por um minuto. Depois, abra os braços e continue com a respiração por mais cinco minutos.

3. Autoshiatsu para dor no meio das costas causada pela ansiedade

Com a mão direita, procure a borda da escápula esquerda até achar a parte mais inferior. Em seguida, deslize a distância de dois dedos em direção às costelas até encontrar uma área de maior sensibilidade ou tensão muscular. Pressione levemente essa região com movimentos circulares, e faça a respiração suave puxando o ar pelo nariz por quatro segundos e soltando o ar pela boca por seis. Faça esse exercício por um minuto e depois repita do outro lado. Depois, gire o ombro dez vezes para frente e dez vezes para trás.

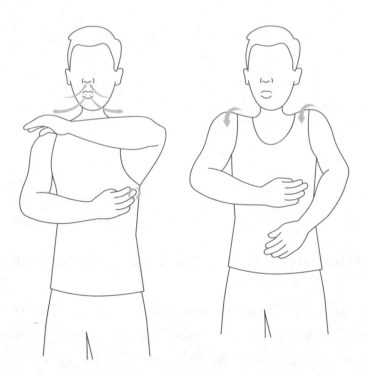

4. Autoshiatsu para dor no ombro causada pela ansiedade

Apoie os seus dedos indicador e médio da mão direita no meio do ombro esquerdo. Pressione levemente fazendo movimento circular junto com a respiração suave, puxando o ar pelo nariz por quatro segundos e soltando o ar pela boca por seis. Mantenha o exercício por um minuto e depois repita para o outro lado.

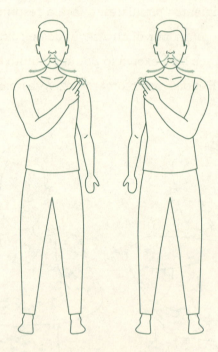

5. Autoshiatsu para dor lombar causada pela ansiedade

Para aliviar a dor lombar, você pode realizar uma automassagem usando a ponta do polegar. Comece com três pontos ao longo da crista ilíaca (osso da bacia). Um ponto mais próximo da vértebra, outro no meio e outro próximo às extremidades. E pressione cada um desses pontos três vezes.

Depois disso, pressione abaixo da crista ilíaca. Encontre um ponto próximo ao sacro, um no meio e outro próximo à extremidade. Pressione cada um desses pontos três vezes.

Em seguida, deite-se de barriga para cima com uma toalha enrolada na região lombar. Deixe suas pernas relaxadas sobre um travesseiro, com a largura do quadril. Coloque os braços ao lado do corpo com a palma da mão voltada para cima. Inspire suave puxando o ar pelo nariz por quatro segundos e soltando o ar pela boca por seis. Mantenha essa posição por dez minutos. Durante esse tempo, concentre-se em relaxar os músculos e liberar a tensão da região lombar. Essa automassagem pode ajudar a aliviar a dor e promover o relaxamento do corpo.

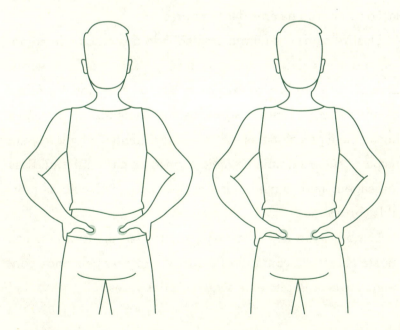

6. Autoshiatsu facial para ajudar a relaxar o corpo e mente

Esta sequência visa relaxar os músculos emocionais do rosto, estimular a circulação sanguínea e promover a sensação de bem-estar e relaxamento, ajudando a controlar a ansiedade.

Comece posicionando os dedos das duas mãos ao longo de três linhas da testa: uma próxima à sobrancelha, uma no meio e outra um pouco acima. Pressione suavemente essa região com a ponta dos dedos das duas mãos e faça movimentos de cima para baixo três vezes em cada linha. Isso ajuda a relaxar a testa e aliviar a tensão.

Em seguida, mova suas mãos um pouco acima das orelhas dos dois lados do rosto. Pressione suavemente e faça um movimento para cima e para baixo três vezes. Isso estimula a circulação sanguínea na área das têmporas.

Deslize os dedos para a área ao lado dos olhos e faça movimentos circulares com uma leve pressão por três vezes. Essa técnica ajuda a relaxar os músculos ao redor dos olhos e pode reduzir a tensão. Agora, deslize os dedos em direção à bochecha e pressione-as com três movimentos circulares, um na parte superior, uma no meio e outro na parte inferior. Essa massagem ajuda a melhorar a circulação no músculo da mordida (bruxismo).

Lembre-se de, ao realizar esse shiatsu facial, inspirar suavemente pelo nariz, contando até quatro, e expirar pela boca, contando até seis. Repita essa sequência dez vezes.

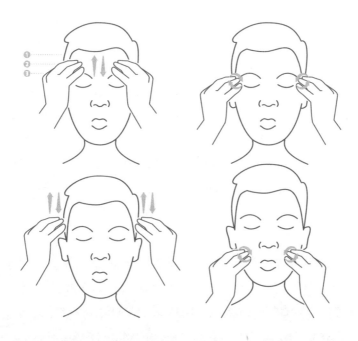

COMO AJUDAR UMA PESSOA EM CRISE DE ANSIEDADE

Em situações assim, é importante oferecer apoio e conforto. Uma técnica eficaz que ajuda nesses momentos é o abraço reconfortante combinado com uma prática de respiração consciente.

Para começar, convide a pessoa a se posicionar em um abraço. Em seguida, sugira que você e ela respirem de modo suave e consciente. Peça a ela para inspirar bem devagar pelo nariz, contando até quatro, e depois expirar lentamente pela boca, contando até seis. E você vai respirar junto com ela. Essa dinâmica mais lenta e profunda ajuda a acalmar o sistema nervoso e a reduzir a sensação de ansiedade.

Permaneça abraçado com a pessoa e continue respirando nesse ritmo, permitindo que ela acompanhe seu padrão controlado. Esse gesto de afeto e união proporciona um senso de acolhimento e segurança, ajudando a acalmar a mente. Durante esse momento, é importante ser compassivo e paciente. Não pressione a pessoa a se acalmar rapidamente. Deixe que ela sinta seu apoio e dê espaço para que ela se sinta confortável.

LEMBRE-SE DE QUE CADA INDIVÍDUO É ÚNICO, E CADA RESPOSTA É DIFERENTE. ALGUNS SE SENTEM MAIS ALIVIADOS APÓS ALGUNS MINUTOS DE ABRAÇO E ACOLHIDA, ENQUANTO OUTROS PRECISAM DE MAIS TEMPO. ESTEJA PRESENTE E DISPONÍVEL, OFERECENDO SEU APOIO CONTÍNUO.

"

O controle consciente
do corpo ajuda a reduzir
o estresse, a ansiedade
e a tensão emocional,
promovendo um equilíbrio
mais saudável e
**uma maior resiliência
emocional.**

"

Capítulo 11

ESCUTE O
SILÊNCIO

Nossa mente precisa de silêncio para ter clareza nas ideias. Entretanto, vivemos em um mundo extremamente agitado, e sempre somos bombardeados por estímulos externos que podem dificultar a concentração e a tomada de decisões importantes. Pela mente ser uma das ferramentas mais poderosas que possuímos, é preciso dar a ela um momento de silêncio para alcançar a clareza nas ideias.

Estamos tão envoltos em ruídos que mal temos tempo de experimentar o prazer do silêncio.

Há pessoas que, quando sozinhas, chegam a ligar o rádio ou a televisão para não ficar sem barulho. No entanto, as vantagens da falta de ruídos para a saúde são conhecidas há muitos anos.

Ainda em 1859, Florence Nightingale, a criadora da Enfermagem, afirmou que o ruído desnecessário é uma forma cruel de ausência de cuidado com os doentes.[37] Hoje se sabe que pessoas que trabalham em ambientes ruidosos estão propensas a desenvolver uma série de doenças como hipertensão, doenças cardíacas e problemas de sono.

> SEGUNDO ESTUDOS DA FISIOLOGIA, AS ONDAS SONORAS VIBRAM OS OSSOS DA NOSSA ORELHA E SE TORNAM UM SINAL ELÉTRICO QUE É ENVIADO PARA O CÉREBRO, ONDE SÃO ATIVADAS REGIÕES LIGADAS ÀS EMOÇÕES E À MEMÓRIA. E ENTÃO ACONTECE UMA PRODUÇÃO DE CORTISOL, O HORMÔNIO DO ESTRESSE.

Além de evitar os ruídos, a prática do relaxamento e da respiração consciente pode ser uma ferramenta valiosa para relaxar o corpo e a mente. Eu sempre procuro parar alguns minutos do dia e fazer um exercício desse tipo. Porque a respiração é a conexão com seu corpo e mente, é a conexão com o

---

[37] SILÊNCIO, por favor: ausência de barulho pode turbinar o cérebro e a criatividade. **BBC Brasil**, 23 fev. 2019. Disponível em: https://www.bbc.com/portuguese/geral-47284076. Acesso em: 13 jun. 2023.

mundo externo e interno, é a conexão com o presente. Porque eu não respiro ontem e não respiro amanhã: eu estou respirando agora.

Então, vamos aprender a praticar a respiração consciente:

🌿 Fique em uma posição confortável, deitado ou sentado, e puxe o ar por quatro segundos e solte por seis. Feche os olhos e respire, sinta o topo da cabeça relaxando, sinta o rosto relaxando, sinta o pescoço e ombros relaxando, sinta os braços e mãos relaxando, sinta o tronco a as pernas relaxando, sinta os pés relaxando.

🌿 A respiração acalmou sua mente e, a partir de agora, o som mais importante da sua vida é o da sua respiração. Foque apenas esse som. Ouça o ar entrando pelo seu nariz, indo para seus pulmões e, junto, sinta toda a energia positiva do mundo entrando dentro de você. Depois, ouça o ar saindo dos pulmões pela sua boca, levando com ele toda as energias negativas. Entregue ao universo, sinta seu corpo mais leve.

🌿 Em seguida, sinta saindo do topo da sua cabeça uma energia que vai cobrir seu corpo como uma capa protetora. Sinta a energia da vida circulando por todo o seu eu. Ela o protegerá das energias ruins, deixará você mais forte para fazer o bem para as pessoas que ama. Sinta-se grato à vida, eleve os braços querendo se alongar, sinta-se fortalecido e celebre essa vitória da vida. Uma energia emanará de você e todas as pessoas que você ama a sentirão. Continue sentindo essa energia fluindo no seu corpo, sinta a energia vital e, gentilmente, abra os olhos.

Essa prática ajuda a limpar a mente e a se conectar com a energia vital do universo. Aconselho, no começo, a fazer essa respiração consciente por cinco minutos quando acordar, logo depois do almoço, no final da tarde e antes de dormir. Dessa forma, mesmo que você entre em estado de alerta, vai desarmar várias vezes durante o dia. Conforme for se acostumando com o exercício, aumente o tempo da prática para dez minutos.

Esse exercício de relaxamento e de respiração consciente é uma ferramenta poderosa para conquistar realizações extraordinárias. Quando a mente está calma e focada, é possível tomar decisões mais acertadas e alcançar objetivos com mais facilidade. Além disso, essa prática pode ajudar a aumentar a criatividade e a produtividade.

> *Quando a mente está calma e focada,* é possível tomar decisões mais acertadas e alcançar objetivos com mais facilidade.

Capítulo 12

QUANDO PRECISAMOS DE
AJUDA

Muitas vezes na vida, pedir ajuda pode ser o primeiro passo para encontrar alívio e tornar a sua jornada mais plena e feliz. No caso do controle da ansiedade, precisar e pedir ajuda não é sinal de fraqueza, mas, sim, de coragem e autocuidado.

Vou contar algo que aconteceu comigo. Fui criado numa cultura em que devo me comportar sempre como o homem da casa, resolver tudo e não permitir que nada me afete. Em março de 2020, quando enfrentamos o começo da pandemia de Covid-19, tive que fechar a clínica, que eu havia acabado de reformar. Estava endividado por causa das reformas, tinha de pagar o aluguel do imóvel e a minha equipe que, na impossibilidade de atender os pacientes, estava sem receber.

No início, imaginei que a situação levaria apenas um mês, mas esse período se prolongou. O dinheiro foi ficando curto, e não havia expectativa de reabertura da clínica e, mesmo com minhas meditações, fui ficando cada vez mais ansioso, com dores no corpo e com o sentimento de que estava perdido. Mas, ao mesmo tempo, pensava: *não posso ceder porque os outros precisam de mim!* Eu não permitia que o meu corpo saísse do estado de alerta, então acabei me abandonando.

Foi quando percebi que estava ficando doente e decidi conversar com minha esposa. Contei a ela todos os problemas pelos quais estava passando e o quanto me sentia sobrecarregado e com medo de não conseguir manter a clínica e não poder sustentar a casa. Confiei em minha esposa e ela me acolheu. E, nessa hora, em vez de me sentir fraco, eu me senti mais forte. Voltei a ter clareza nas ideias para tomar as decisões mais acertadas para manter a clínica e minha equipe.

A ansiedade é um estado solitário, e normalmente as pessoas sofrem sozinhas. Mas não precisa ser assim. Se você se sente ansioso, ligue mais para sua família, celebre a vida com as pessoas que ama. Eu sei como é difícil enfrentar a ansiedade sozinho, por isso, se mesmo seguindo os passos que aprendeu aqui você não sentir melhora, talvez seja importante procurar um especialista para ajudar você a controlar a ansiedade.

Sim, há momentos em que precisamos de outras pessoas para nos ajudar. Isso pode ser necessário, pois precisamos fazer uma grande limpeza no nosso corpo e mente para manter uma ótima saúde emocional. Muitas vezes é um amigo, uma pessoa próxima, mas outras vezes precisamos da ajuda de profissionais, pessoas especializadas em áreas que não conhecemos o suficiente.

Nossa saúde, por exemplo, pode ficar abalada por conta dos maus hábitos alimentares, que infelizmente são predominantes nos nossos dias. É muito útil fazer uma "limpeza" corporal interna com um nutrólogo ou um nutricionista para que nosso sistema digestivo tenha a melhor capacidade de captar os nutrientes dos alimentos e eliminar as toxinas.

O que uma pessoa come pode ter um grande impacto na forma como ela se sente, tanto física quanto mentalmente. Portanto, a nutrição pode desempenhar um papel importante no tratamento da nossa saúde mental. Apenas um profissional de nutrição será capaz de identificar deficiências nutricionais que podem estar colaborando para os sintomas de ansiedade ou depressão.

Também é importante considerar a possibilidade de buscar ajuda de um profissional da saúde mental, como um psicólogo, para cuidar de pensamentos que nos machucam sem que saibamos. A terapia pode ser uma ferramenta poderosa para ajudar as pessoas a controlar a ansiedade, identificando e modificando padrões de pensamento e comportamento que estão colaborando para ampliar os nossos problemas. Desenvolver estratégias eficazes de enfrentamento para ajudar a lidar com nossos sentimentos pode ser muito útil.

Finalmente, um médico também pode ajudar a identificar outras condições de saúde que colaboram para a ansiedade, como problemas hormonais, distúrbios do sono, entre outros e, caso necessário, prescrever corretamente o medicamento adequado para as nossas aflições.

A ANSIEDADE É UM PROBLEMA DE SAÚDE MENTAL QUE PODE SER TRATADO COM SUCESSO ATRAVÉS DE UMA ABORDAGEM MULTIFACETADA. ALÉM DISSO, CADA PESSOA TEM NECESSIDADES ESPECÍFICAS, E A ABORDAGEM IDEAL PODE VARIAR DE ACORDO COM CADA CASO.

Por fim, é importante considerar que o tratamento para a ansiedade pode exigir uma abordagem de longo prazo. Às vezes, é necessário experimentar várias técnicas diferentes antes de encontrar a melhor opção de tratamento.

"

Desenvolver estratégias eficazes de enfrentamento para **ajudar a lidar com nossos sentimentos** pode ser muito útil.

"

Conclusão

Ao longo de minha jornada como profissional de fisioterapia, aprendi a importância de tratar não apenas os sintomas físicos, mas a pessoa como um todo. Compreendi que o conhecimento técnico e as terapias manuais são fundamentais, mas uma verdadeira transformação só acontece quando entendemos as emoções, necessidades e desejos de quem cuidamos.

Aprendi isso no convívio com meus pacientes e quando passei pelo processo de controle da minha própria ansiedade. E fazendo as práticas de relaxamento e respiração consciente, percebi ainda que a vida é um presente que deve ser celebrado. Não podemos simplesmente observá-la passar, mas vivê-la ativamente.

É claro que todos temos nossos momentos difíceis, aqueles em que as tensões emocionais aumentam, e somos tomados por pensamentos negativos e ansiedade. Mas não podemos esquecer que temos dentro de nós o poder de combater essas emoções, e que precisamos apenas nos dedicar de verdade a curar nosso corpo e nossa mente.

Em nossa jornada, precisamos estar sempre em movimento, pois, se ficarmos parados, estagnados, simplesmente observando a vida passar, perdemos oportunidades, experiências e momentos preciosos. É preciso aproveitar cada momento, estar sempre presente e engajado de verdade em cada experiência, seja ela boa ou ruim, pois tudo que acontece tem algo a nos ensinar.

Eu acredito que, na vida, tenho que ser afetado para ser afetivo, ou seja, tenho que me permitir quebrar para, quando eu cicatrizar, me tornar mais valioso. Esse é o conceito do *kintsugi*, palavra japonesa cujo significado literal é "juntar com ouro". É uma técnica de reparo de cerâmica em que as emendas são preenchidas com ouro, e que tem origem na lenda do shogun Ashikaga Yoshimura, que viveu entre 1435 e 1490.[38]

Conta-se que ele tinha uma tigela preferida para a cerimônia do chá, mas um dia ela se quebrou. O shogun enviou a peça

---

[38] VALENTI, R. Kintsugi e a arte de consertar um amor. **Medium**, 18 jul. 2017. Disponível em: https://medium.com/neworder/kintsugi-e-a-arte-de-consertar-um-amor-9d250d9f91b8. Acesso em: 13 jun. 2023.

para artesãos chineses a repararem, mas ficou decepcionado com o resultado: sua tigela favorita estava feia e desfigurada. Então, ele enviou a peça para artesãos japoneses, que encontraram uma solução mais funcional e, sobretudo, mais estética para o conserto, juntando as peças da tigela com ouro.

Nascia, assim, a arte do *kintsugi*, que simboliza a aceitação e a valorização das imperfeições. Todos nós sofremos e vivemos experiências difíceis, mas a vida nada mais é a do que arte da superação. E quando eu me supero, quando me remendo, me torno ainda mais resistente e valioso como ser humano.

Hoje, tudo o que faço não é para enriquecer, e, sim, para ser feliz! O que realmente quero é estar junto com as pessoas que amo, fazer as coisas de que gosto, me dedicar à minha família e aos meus amigos. Não desperdiço mais meus dias com problemas sem importância, porque o tempo é o bem mais valioso que temos na vida. Quando eu estiver morrendo, não vou querer mais dinheiro, e, sim, mais tempo!

A vida acontece independentemente da nossa vontade, mesmo quando estamos distraídos com outras coisas. Devemos estar conscientes de tudo que acontece ao nosso redor, e dentro de nós mesmos, para que possamos agir de maneira adequada e aproveitar ao máximo cada momento. E, para isso, precisamos estar bem, precisamos ter tanto o nosso corpo como a nossa mente em equilíbrio, sem dores ou ansiedade.

Ao praticar diariamente o método A Serenidade do Samurai, fortalecemos nossa capacidade de lidar com os desafios da vida de modo equilibrado. Em um mundo repleto de estímulos estressantes, essa prática nos ajuda a desenvolver habilidades de autorregulação emocional, aumentando nossa resiliência e capacidade de enfrentar situações estressantes com calma e foco. Livres da ansiedade, vivemos muito melhor!

Agora que você já conhece o método, lembre-se que é preciso colocá-lo em prática. Mas, para que ele funcione, é importante assumir o método de verdade, sempre levando em conta cada um de seus passos. Em pouco tempo, você vai perceber como a vida se torna mais simples e prazerosa quando você se torna consciente da sua luta, quando é autêntico e cuida de si.

Sobre as práticas, é fundamental repeti-las todos os dias até que o seu corpo e mente se acostumem com o novo hábito. Não espere ter uma crise de ansiedade para aplicar o método A Serenidade do Samurai, pois é sua responsabilidade tornar as suas experiências de vida agradáveis, felizes e saudáveis. O momento é agora.

Portanto, aplique esse método em sua jornada sabendo que você é capaz de realizar seus sonhos e encontrar a serenidade interior. Valorize cada momento, celebre a vida e seja o arquiteto da sua própria felicidade. Lembre-se de que a vida é muito curta para ficar sofrendo, o tempo é precioso e cabe a você aproveitá-lo da melhor maneira possível.

Não esqueça: você é o único responsável pela sua própria felicidade e o único capaz de realizar seus sonhos. Quem controla a ansiedade domina a própria jornada e conquista feitos extraordinários na vida.